# 旅游文化传播策略研究

周 娟 ◎ 著

图书在版编目（CIP）数据

旅游文化传播策略研究/周娟著. --长春：吉林出版集团股份有限公司，2023.6
ISBN 978-7-5731-3818-7

Ⅰ.①旅… Ⅱ.①周… Ⅲ.①旅游文化－文化传播－研究－中国Ⅳ.①F592

中国国家版本馆CIP数据核字(2023)第132091号

LÜYOU WENHUA CHUANBO CELÜE YANJIU

## 旅游文化传播策略研究

著　　者：周　娟
责任编辑：欧阳鹏
封面设计：冯冯翼
开　　本：710mm×1000mm　1/16
字　　数：225千字
印　　张：12
版　　次：2023年6月第1版
印　　次：2023年6月第1次印刷

出　　版：吉林出版集团股份有限公司
发　　行：吉林出版集团外语教育有限公司
地　　址：长春市福祉大路5788号龙腾国际大厦B座7层
电　　话：总编办：0431-81629929
印　　刷：长春新华印刷集团有限公司

ISBN 978-7-5731-3818-7　　定　　价：72.00元
版权所有　侵权必究　　举报电话：0431-81629929

# 前　言

当前，旅游已成为大众都能够接受的消费行为，消费者也不再仅仅满足于简单的走马观花式的旅游，而是更为关注自己的内心需求。因此，在旅游发展中，发掘关键旅游文化内核至关重要。出色的传播方式和形式，能够形成独特的城市文化名片和城市旅游形象，从而吸引更多的旅游爱好者前来观光旅游，并完成最终的旅游消费，促进旅游地的快速发展。而旅游经济的发展也会对旅游文化的传播产生积极的作用，并让旅游从业者找到旅游文化传播的最佳方式和形式。

旅游文化依托于旅游行为和活动而诞生，而旅游文化传播策略也是基于旅游文化的诞生而产生的，这种传播不仅需要在旅游活动中通过跨文化传播，更需要利用现代化的方式和手段进行传播。由于旅游文化中涉及的旅游地地域文化、旅游地历史人文文化等多种文化的融合，因此旅游文化传播是非常复杂而烦琐的。

本书主要对旅游文化与传播的基础知识进行了论述，并分析了文化与旅游文化的关系、旅游主体文化在旅游活动中的地位，以及旅游文化传播的内容、方向与主要形式，并提出了有效的传播策略，希望能为我国未来的旅游文化发展提供助力，促进国内旅游行业长久而繁荣地持续发展。

在本书的编写过程中，笔者参阅了国内外大量的相关教材、著作和论文，参考了很多专家、学者的观点，在此一并表示深深的感谢！由于笔者水平所限，加之时间仓促，书中难免存在不足之处，恳请各位专家和读者批评指正，多提宝贵意见，以便再版时修改，使本书日臻完善。

2023 年 4 月

# 目　录

## 第一章　旅游文化与传播 ………………………………………………… 1
　第一节　文化与旅游文化 ………………………………………………… 1
　第二节　旅游主体文化 …………………………………………………… 20
　第三节　旅游文化的传播 ………………………………………………… 48

## 第二章　旅游客体文化 ……………………………………………………… 53
　第一节　山岳旅游客体文化 ……………………………………………… 53
　第二节　水体旅游客体文化 ……………………………………………… 61
　第三节　生物旅游客体文化 ……………………………………………… 72
　第四节　天象气候旅游客体文化 ………………………………………… 79

## 第三章　旅游文化的主体传播 …………………………………………… 84
　第一节　旅游文化的人内传播 …………………………………………… 84
　第二节　旅游文化的人际传播 …………………………………………… 103
　第三节　旅游文化的大众传播 …………………………………………… 116

## 第四章　旅游跨文化传播 ………………………………………………… 128
　第一节　旅游跨文化行为 ………………………………………………… 128
　第二节　旅游跨文化传播与涵化 ………………………………………… 141
　第三节　旅游跨文化整合与转型 ………………………………………… 152
　第四节　文化冲突与文化休克 …………………………………………… 159

## 第五章　旅游文化传播媒介的传播策略 ………………………………… 164
　第一节　网络媒介的传播策略 …………………………………………… 164

第二节　传统媒介的传播策略 …………………………………… 167

第三节　以多种形式为主导的旅游文化传播策略 ……………… 169

第四节　以文化活动为媒介的传播策略 ………………………… 179

**参考文献** ………………………………………………………………… 184

# 第一章　旅游文化与传播

## 第一节　文化与旅游文化

### 一、文化概述

#### （一）文化的定义与分类

1. 文化的定义

人类从"茹毛饮血，茫然于人道"的"直立之兽"演化而来，逐渐形成与"天道"既相联系又相区别的"人道"，这就是文化的创造过程。在文化的创造与发展中，主体是人，客体是自然，而文化便是人与自然、主体与客体在实践中的对立统一物。这里的"自然"，不仅是指存在于人身之外并与之对立的外在自然界，也指人类的本能、人的身体的各种自然属性。文化是改造自然、改造社会的活动，它同时也改造"改造者"自身，即实践着的人。人创造了文化，文化也在塑造着人。举例言之：一块天然的岩石不具备文化意蕴，但经过人工打磨，便注入了人的价值观念和劳动技能，从而进入"文化"范畴。因此，文化的实质性含义是"人化"或"人类化"，是人类主体通过社会实践活动，适应、利用、改造自然界客体而逐步实现自身价值观念的过程，这一过程的成果体现，既反映为自然面貌、形态、功能的不断改观，更反映为人类个体与群体素质（生理与心理的、工艺与道德的、自律与律人的）的不断提高和完善。

简而言之，凡是超越本能的、人类有意识地作用于自然界和社会的一切活动及其结果，都属于文化；或者说，"自然的人化"即是文化。

2. 文化的分类

长期以来，人们在使用"文化"这一概念时，其内涵与外延差异甚大，故文化有广义与狭义之分。

广义的文化，又称"大文化"，主要着眼于人与自然的本质区分，认为凡是人类有意识地作用于自然界和人类社会的一切活动及其结果，都属于文化。换言之，文化也就是"人化自然"，即人类发挥其主观能动性，把人的智慧、创造性、感情注入自然，使自然成为被人所理解、沟通和利用的对象。1999年版《辞海》将广义文化界定为"人类在社会实践过程中所获得的物质、精神的生产能力和创造的物质、精神财富的总和"。总之，文化可以说是包罗万象，从这个意义上说，文化泛指人类在长期的历史发展过程中创造和形成的语言文字、性格特征、社会心理、传统道德、生活方式、思维模式以及社会生产力水平等物质和精神要素以及其相互作用的结果与表现。

狭义的文化则称为"小文化"，主要是排除广义文化概念中的物质性部分，将文化限定在人类精神创造活动及其结果层面。显然，狭义的文化是指人类创造的精神文明成果，它包括文字、文学、思想、学术和教育等精神领域。实际上，狭义的文化相当于广义文化中的精神财富这一部分。

需要说明的是，狭义文化在逻辑上从属于广义文化，与后者存在着不可分割的联系。因此，我们在研究人类的精神创造时，不能忽视物质创造活动的基础意义和决定作用；在讨论关于心态文化诸问题的时候，不能忽视物态文化、制度文化、行为文化对于心态文化的影响与制约。总之，不能将"小文化"与"大文化"割裂开来。

(二) 文化的结构

1. 文化结构层次的划分

关于文化结构，有以下几种不同的划分方法。

两分说：认为文化分为物质文化与精神文化。

三分说：认为文化分为物质文化、制度文化、精神文化。

四分说：认为文化分为物质文化、制度文化、行为文化（风俗习惯）、精神文化（或称心态文化／思想与价值）。

2. 各层次文化释义

（1）物质文化

由人类加工自然创制的各种器物，即"物化的知识力量"构成的物态文化层。它是人的物质生产活动及其产品的总和，是可感知的、具有物质实体的文化事物，构成整个文化创造的基础。物质文化以满足人类最基本的生存需要——衣、食、住、行为目标，直接反映人与自然的关系，反映人类对自然界认识、把握、利用、改造的深入程度，反映社会生产力的发展水平。

（2）制度文化

由人类在社会实践中建立的各种社会规范、社会组织构成的制度文化层。人的物质生产活动是一种社会的活动，只有结成一定的社会关系才能进行。人类高于动物的一个根本之处就是人类在创造物质财富的同时，又创造了一个属于人类自己、服务于人类自己，同时约束人类自己的社会环境，创造出一系列的处理人与人（个体与个体、个体与群体、群体与群体）相互关系的准则，并将它们规范化为社会经济制度、婚姻制度、家族制度、政治法律制度，家族、民族、国家，经济、政治、宗教社团，教育、科技、艺术组织等。这一部分文化成果虽然不直接与自然界发生关系，但它们的特质、发育水平归根结底是由人与自然发生联系的一定方式所决定的。

（3）行为文化

由人类在社会实践，尤其是在人际交往中约定俗成的习惯性定势构成的行为文化层。这是一类以民风、民俗形态出现，见之于日常起居动作之中，具有鲜明的民族、地域特色的行为模式。民族的、时代的文化既有物质的标识、制度的规范，又有具体社会行为、风尚习俗的鲜活体现。以民风、民俗形态出现的行为文化的特点有：①它是社会的、集体的，不是个人有意无意的创作。即使有的原来是个人或少数人创立和发起的，也必须经过集体的同意和反复履行，才能成为民俗。②它与集体性密切相关。这种现象的存在，不是个性的，而是类型的或模式的。③它在时间上是传承的，在空间上是播布的。

（4）精神文化

由人类社会实践和意识活动中长期孕育出来的价值观念、审美情趣、思维方式等构成的心态文化层。这是文化的核心部分。具体而论，心态文化又可以分为社会心理和社会意识形态两部分。社会心理是指人们日常的精神状态和思想面貌，是尚未经过理论加工和艺术升华的流行的大众心态，诸如人们的要求、愿望、情绪等。社会心理较直接地受到物质文化和制度文化的影响和制约，并与行为文化互为表里。社会意识形态是指经过系统加工的社会意识，它们往往是由文化专家对社会心理进行理论归纳、逻辑整理、艺术完善，并以物态形态——通常是著作、艺术作品——固定下来，播之四海，传于后世。

**（三）文化的特征与功能**

1. 文化的特征

综合各派学者对文化的定义，文化具有的一般特征有以下几个方面。

（1）创造性

创造性是文化最主要的特征之一。丰富多彩的文化现象和事物不是自然形成的，而是在人类社会共同生活过程中衍生或创造出来的。凡人类有意无意地创造出来的东西都是文化。人们认为，文化世界之所以高于自然的物质世界，正是因为它融入了人类的创造性。自然存在物及其运动不是文化，如山川河流、日月星辰本身都不是文化，但人类据此而创造出来的历法、文学、艺术以及其他物品却是文化。

（2）空间性和时间性

文化的空间性，指的是文化随空间区域的不同形成了不同的文化层次、文化类型，乃至产生各种各样的文化群、文化圈。而文化的时间性是指文化本身有自己的起源、演化、变迁的发展过程。文化也有积累、革命和淘汰，在时间上表现为一个进化与分化、积累与沉淀、层次与统一、目的性与自然决定性的复杂过程。人类创造文化是为了实现某种价值目标，这是文化创造的方向；当一定的价值目标实现后，便形成一种新的文化；在新的刺激下，又会形成新的价值观和目标。

（3）自由性和约束性

人本身是高级动物，而要把人和其他动物区别开来，必然要有一定的标志，这个标志就是人类文化。人要区别于其他动物，要获得自由，就要创造文化，没有文化就没有自由，自由即是文化。但人又生活在特定的文化背景中，受着特定文化传统和文化氛围的影响与约束，走着不得不走的路，所以说文化也有约束性。

（4）封闭性和开放性

文化作为一个整体，具有封闭和开放的特点。历史上，为了自保或是为了统治的需要，很多文化体系往往采取闭关自守、排斥异己的措施，如中国在农耕经济和宗法制度背景下就采取了一系列保守措施。但人类是以整体面对世界的，从某种程度上讲，文化是全人类的文化，每种文化虽然是以个体的形式出现的，但都将汇集在人类文化的长河中。各类文化群、文化圈之间，尤其是物质文化之间，又是或多或少开放的、互动的。

（5）对象性和载体性

作为文化主体的人，要体现其存在的本质、力量，要实现自身的价值，否则无法得到体现，所以文化具有对象性。文化的对象性导致了文化的载体性，这是文化生产和存在的必要条件。

（6）继承性和创新性

文化是一份社会遗产，是一个连续不断的动态过程。任何社会的文化，都是长期积累而成的，是同这个社会一样长久的，并且还在不断地积累下去。任何一个阶段、任何一个时期的文化都是从前一个阶段或时期继承和发展下来的。而继承的并不是以往文化的全部，而是继承一部分，舍弃一部分。因此，文化是一个不断继承和更新的过程。

（7）多样性和共同性

文化都是具体的、特殊的，因此无论从纵向还是从横向角度看，世界各个时期、各个地域和民族的文化都是不同的，而且彼此之间差异很大。中国古代妇女以缠足为美，而现在"三寸金莲"已成为历史的陈迹，这是古今文化的不同。中国南方人吃蛇肉和猫肉，北方人认为那是不能吃的，这是南北文化的差异。人类学家和社会学家记载了世界各地大量的特殊文化，充分说明了文化的多样性。

2. 文化的功能

文化的功能是指文化整体或个别因素对人类社会生活和个人发展所具有的效能和作用。从不同的层面观察，文化的功能是多种多样的，主要表现在以下几个方面。

（1）提供生活环境，满足多种基本需要

文化首要的和最重要的功能，就是为人提供一个物质生活环境。物质生活环境虽然以自然地理环境为基础，受自然地理环境的制约，但自然所提供的素材，无论是作为劳动对象、劳动工具，还是作为劳动环境，都已经为人类的劳动所加工、改造和利用，成为文化产物。因此，从一定意义上来讲，人们所处的现实生活环境，是由文化所提供的。

文化在为人们提供物质生活环境的同时，还提供了人际生活环境中的各种道德规范、法律规范、制度管理文化和行为习俗文化。不论是对于个人的成长，还是对于社会的建构，这些都是必不可少的，这是文化的又一贡献。

除了提供物质生活环境和人际生活环境外，文化还为人提供了精神生活环境。人除了要吃饱穿暖，满足生理上的需求外，还要求知，了解世界，还要欣赏艺术，求得情感的寄托和精神的愉悦，还要通过各种方式达到自我实现，以求得心理上的满足，这些就是我们所说的人的精神生活。

（2）记录、储存、传播功能

人类创造了文化，文化形成伊始就发挥着记录、储存人类创造能力和创造成就的作用，使人们在实践中获得的经验、知识、观念日积月累，代代相传。

文化的记录、储存功能主要靠语言文字来实现。语言文字本身既是一种文化现象，又是一种文化载体。在文字出现之前，人们通过口头语言记录、储存劳动经验、生活知识和艺术创造等精神文化成果。文字出现之后，文化发挥了更为突出的记录、储存功能，各种史书典籍成为人类历史文化的宝库。除语言文字外，人类创造的其他非文字符号，如地上保存的或地下发掘出来的各种文物古迹，包括生产工具、生活用品、军事武器、艺术作品等，都有记录、储存的功能，为人们了解不同地区、不同民族的各个方面提供了丰富可靠的信息。

文化还具有传播交流的功能。一种文化现象产生和形成之后，便作为人们社会交往的工具和手段，在社会群体内部、群体之间发生着纵向和横向的传播。语言文字、文化实物以及人类本身都是文化传播的媒体。

（3）认知、助知功能

从根本上说，人类是在社会实践的基础上认识自然、认识社会、认识世界的，但是，人们的实践又离不开文化。随着人类的不断进步，人类更是借助于文化认识世界、适应世界、改造世界的。

作为文化构成成分之一的科学体系，为人们认识客观领域的运动规律奠定了基础。例如，数学的发展，为人们认识自然提供了有力武器；哲学的形成和发展，为人们提供了认识世界的思维工具。文化大范畴中的技术体系则通过为人们提供先进的物质认知工具，不断地促进人们对外部世界认识的扩大和深化。

（4）教化、培育功能

文化环境是人类创造出来的，反过来又影响人、塑造人，起着教化、培育的作用。文化育人有两种基本方式：一种是文化通过自身提供的各种生活环境和条件，使人在不知不觉中受到文化的影响和熏陶；另一种是通过健全的教育体制有计划、有步骤地进行，使人积极主动地学习各种文化知识和行为规范，按照一定的文化模式塑造自我。

（5）凝聚和社会整合功能

这是与文化的教化、培育功能相联系的。生活在同一类型或同一模式的文化环境中的人们，得到相同或相近的教化和培育，其价值观念、社会习俗和生活方式就会趋于一致，这也就会使彼此之间的关系达到相互了解、相互理解，从而有机地联系在一起，形成一种向心的、抗异的力量。文化的凝聚功能在民族群体中体现得极为突出和明显，在一个国家、一个民族的各阶层中也有鲜明的表现。

文化的整合功能是民族团结和社会秩序的基础。一个社会如果缺乏整合，必将四分五裂。一个民族，由于享受一份共有的文化，不论该民族的人是否居住在一起，也不论该民族的人是否生活在共同的制度下，都会有民族的认同感，都会在心理上和行为上联结在一起，不可分离。

（6）维护和调节社会发展的功能

对于人类社会来说，一定的文化，特别是一定的精神文化和行为文化，还起着调节的功能，能协调和稳定人与人、人与社会的关系。拉德克利夫·布朗认为，一种文化的不同方面的中心功能，就是要维护这种文化的社会结构。要维护一定的社会结构，关键是要形成社会的自我制约、自我调控机制。

社会制度和社会结构都是人类文化创造的成果，是人类文化发展的产物。文化历史发展到一定时代，就有相应的社会经济结构和社会政治结构。此时，文化就要发挥各种制度的、管理的、行为的、习俗的和精神意识的作用，保持这一社会结构在相当长的一段时间内的稳定，以维护社会安定和谐。

## 二、旅游文化概述

### （一）文化对旅游的影响

旅游是社会进步的产物，是人类特有的文化活动，它产生于人类进入文明社会之初，随着人类社会的进步以及有余暇、有余钱、有文化享受需求的人数的扩大而日趋普及。文化对现代旅游活动的影响是十分深刻而深远的。

1. 文化是旅游的本质特征

现代旅游现象，实际上是一项以精神、文化需求和享受为基础的，涉及经济、政治、社会、国际交流等内容的综合性大众活动。文化渗透到现代旅游活动的各个方面，文化是旅游者的出发点和落脚点，是旅游景观吸引力的渊薮，是旅游业的灵魂。旅游者的旅游行为是一种文化消费行为，旅游者外出旅游的动机和目的在于获得精神上的享受和心理上的满足；而旅游经营者要达到盈利目的就必须提供能够满足旅游者文化享受的旅游产品。无论是自然旅游资源还是人文旅游资源，都以其独具特色的民族、地方文化内涵吸引和激发旅游者的旅游动机，满足人们对科学、史学、文学、艺术和社会学诸方面的广泛需求。

2. 文化是一个国家旅游业保持自身特色的决定因素

人们常说："民族的东西是独特的，文化的流传是久远的。"一个国家的旅游业若缺少了本民族传统文化的底蕴，便失去了特色；不能反映本民族独有的精神内涵，也便失去了旅游的吸引力。实践证明，但凡旅游业昌盛之国，莫不以旅游文化取胜。奥地利的旅游，几乎都与施特劳斯等奥地利音乐大师紧密关联；巴黎街道的命名，每每蕴含法兰西民族的决定因素。因此，文化是一个国家在发展旅游业的过程中保持自己民族特色的历史掌故。

3. 文化蕴含着巨大的经济潜能

旅游是以一国或一民族独特的文化招徕旅客赚取利润的文化经济。为此，世界上许多旅游业发达的国家先后实行了"文化经济"的新战略。依据专家调查，英、美、日、德、法、澳等国的旅游者无一例外地把"与当地人交往，了解当地文化和生活方式"当作出境旅游的动机之一。旅游能够给旅游资源国提供就业岗位，带动建筑、商业和交通运输、科学文化的发展。从我国旅游业发展的实践来看，"文化搭台、经济唱戏"已经成为各地发展旅游业的一大特色和主要经验之一。领略华夏文化的神奇魅力是外国人到中国旅游的主要动机。

4. 文化是提高旅游竞争力的法宝

旅游管理者及其从业人员的文化素质的优劣和经营管理水平的高低，直接影响到能否满足旅游者的需求，直接关系到能否合理开发和利用旅游资源，进而左右着旅游业的发展。未来的旅游业的竞争主要是旅游文化的竞争，文化是提高旅游服务质量的保证，是提高旅游管理水平的关键，是提高旅游竞争力的法宝。由于文化具有地域性、民族性、传承性等特点，往往为一个国家和地区所独有，很难模仿和复制，因此在竞争中就减少了可比性，具有垄断地位，易形成强大的竞争力，也易于创出特色和品牌。品牌是旅游业竞争的无形力量，是促使旅游业走上可持续发展道路的宝贵文化资源。

**（二）旅游的文化属性**

长期以来，人们偏重旅游的经济性研究，甚至把旅游简单地视为经济现象，事实上，旅游首先是一种文化现象。旅游与文化密不可分，无论是旅游消费、旅游产品还是旅游经营与管理，都具有文化性，因而旅游本质上是一种文化活动。旅游的文化属性可以从旅游的三大要素进行分析。

1. 旅游主体的文化属性

旅游主体就是通常所指的旅游者，按照国际上普遍接受的艾斯特（AIEST）定义，"旅游是指非定居者的旅行和暂时居留而引起的一种现象及关系的总和。这些人不会永久居留，并且主要不从事赚钱的活动"。这个定义强调了旅游活动不是为了"赚钱"，而是由此所引起的"现象"和所产生的"关系的总和"，实际上它强调的是，旅游是一种综合性的文化现象。也就是说，旅游一旦产生，伴随着经济上的支出，就开始了文化消费，其结果是满足旅游者的文化需求。对旅游者来说，它能够促进身心健康、丰富阅历、增长知识。因此，旅游实际上是一种满足文化需求的活动。根据美国心理学家马斯洛的需求理论，人们在获得了基本的生存条件和物质生活条件之后，就会产生交往、受尊重及自我发展的高层次需求，以求获得精神上的愉悦，而旅游就满足了这种需求。因此，旅游是以寻求精神享受为目的、暂时离开常住地的一种物质和精神文化生活，是在一定社会条件下的一种综合的社会文化活动。

旅游者的这种文化需求促使其旅游动机的形成，所以旅游者是在一定社会文化背景下产生的，是文化驱使的结果。人类受异地特质文化的吸引而产生好奇心，这种了解异质文化的愿望和要求构成了直接的旅游动机。尤其是在现代社会，强大的心理压力导致人们需要通过涉足、观赏、接触、体验异地文化来缓解和消除生活造成的机械性及其所带来的枯燥无趣的焦虑。

同时，作为一种特殊的、寓学于游的文化学习过程，在旅游过程中，旅游者还通过对自然美、艺术美、社会美的综合性审美反映，经大脑思考、加工而创造出新的具有价值的文化作品。因此，旅游活动对旅游主体而言，既是文化的消费过程，又是文化的创造过程。

另外，旅游者的进入以及其所带来的异形文化或异质文化，对旅游地原有的文化信息系统会产生积极或消极的影响。

2. 旅游客体的文化属性

旅游活动的产生，从内因上讲，是由于人类自身的文化需求而产生的"理性冲动"。在外因上，当经济和时间条件成熟时，旅游产品（旅游客体）的吸引力就成为人们是否出游的关键。因此，旅游产品要具备足够的吸引力，就必须具有足够的文化内涵。实际上，旅游产品是一种文化产品，这种产品无论是旅游地的自然景观、人文景观还是旅游服务，都应具有浓厚的文化特色。实践证明，旅游产品的文化性越强，文化品位越高，就越受旅游者的欢迎。

就人文旅游资源而言，无论是以实物形态存在的文物古迹，还是无形的民族风情、社会风尚及生活习惯等，都是人类生产、生活活动的产物，属于文化的范畴。而由各种自然环境、自然要素和自然现象构成的自然景观，虽并非人类创造出来的，但作为纯粹的自然物质世界，经过人类长期的认识与实践活动，而最终成为"人化的自然界"或"人类的自然界"。人类对自然界的认识与审美，无论是

"君子比德"和"逍遥游"的思想，还是对自然界的科学认知，都赋予了自然界丰富的文化内涵。可以说，自然山水的美是思维的人类社会特有的概念。因此，通过人类的创造活动，自然旅游资源同样具有了文化性。正因如此，世界众多的人文景观以及沉淀了人类智慧的自然景观才成为人类趋之若鹜的旅游胜地。

3. 旅游介体的文化属性

旅游介体是指为旅游活动提供服务和从事旅游经营与管理的部门，其中包括旅游开发公司、旅行社、旅游饭店及政府的旅游管理与教育部门等。由于旅游服务的对象是旅游者，而旅游者又是以追求精神享受为主的文化消费者，为满足旅游者的这种需求，旅游业必须为其提供文化产品，这就决定了旅游业具有经济性的同时，还具有文化特性。因此，旅游企业进行旅游资源开发时，必须注重旅游产品的文化内涵，并通过对旅游产品的开发促进当地文化的挖掘、保护与弘扬。同时，旅游资源的开发者还必须了解旅游者的文化特征，寻求本地旅游资源文化内涵与旅游者背景文化之间的契合。为此，旅游资源的开发和利用既是一种经济活动，更是一种文化活动，反映着一个国家和地区人民的智慧和创造力。

旅游业的文化特性还表现在旅游业其他部门之中。比如，旅游饭店的经营与管理就带有明显的文化色彩。现代旅游饭店不是简单地提供膳宿的场所，而是集膳宿、社交、娱乐、审美种种功能于一体的综合性场所。它不仅要能满足旅游者生理的、物质的需求，更要能够满足旅游者精神享受的需要。实践证明，只有提高饭店产品的文化含量，才能提高饭店的档次，增强吸引力和竞争力。

就政府管理而言，发展旅游业的目的，一是获取经济效益，二是获取社会效益，即满足人们精神上的追求，提高人民的生活品质。诚如世界旅游组织在《马尼拉宣言》中指出的那样："旅游的经济效益，不论是如何实际或重大，不是也不可能构成国家决定促进这一活动的唯一标准。"由于旅游有可能给目的地的社会文化和生活环境带来积极影响或消极影响，政府对旅游业发展加以文化上的引导与控制就显得十分必要。因此，现代旅游业以其鲜明而独特的文化色彩，成为文化产业的重要组成部分。

总之,文化是旅游者的出发点和归结点,旅游活动从其本质上看就是一种文化活动,文化是旅游的灵魂,旅游主体是文化的消费者,旅游客体是文化的载体,旅游介体则是旅游文化的经营与管理者。

### (三)旅游文化的概念

"旅游文化"作为一个专业名词最早是由美国学者罗伯特·麦金托什(Robert Mclntosh)和夏希肯特·格波特 Gerbert 提出的。他们两人在1977年合作出版的《旅游学:要素·实践·基本原理》一书中,用"旅游文化"作为书中一章的标题,并指出"旅游文化实际上概括了旅游的各个方面,人们可以借此来了解彼此之间的生活和思想",它是"在吸引和接待游客与来访者的过程中,游客、旅游设施、东道国政府和接待团体的相互影响所产生的现象与关系的总和"[①]。在我国,1984年出版的《中国大百科全书·人文地理学》中最早出现了"旅游文化"一词。该书对旅游文化作了如下的阐释:"旅游与文化有着不可分割的关系,而旅游本身就是一种大规模的文化交流,从原始文化到现代文化都可以成为吸引游客的因素。游客不仅汲取游览地的文化,同时也把所在国的文化带到了游览地,使地区间的文化差别日益缩小。绘画、雕刻、摄影、工艺作品,是游人乐于观赏的项目。戏剧、舞蹈、音乐、电影又是安排旅游者夜晚生活的节目。诗词、散文、游记、神话、传说、故事,又可将旅游景物描绘得栩栩如生。"很显然,这个解释并没有直接告诉人们旅游文化的本质,而且将所理解的文化主要局限于文学艺术领域,因而还不是广义上的文化概念。自20世纪80年代后期以来,我国学术界加强了对旅游文化的研究。由于看问题的视角不同、归纳的方法不一、理解的宽窄度不等,对旅游文化定义的表述可谓见仁见智。关于旅游文化的界定,归纳起来有以下几类观点。

旅游主体说：旅游文化是人类在通过旅游活动改造自然和化育自身的过程中所形成的价值观念、行为模式、物质成果和社会关系的总和。这是一种偏重于旅游主体的界定。

旅游客体说：能够为旅游者在旅游活动中提供欣赏和享乐的一切物质财富和精神财富的文化表现，即旅游文化。这是一种偏重于旅游客体的定义。

旅游主体与介体说：旅游文化是旅游者和旅游经营者在旅游消费或旅游经营服务过程中所反映、创造出来的观念形态及其外在表现的总和。这是偏重于旅游主体与介体文化的定义。

相互作用说：旅游文化是旅游主体、旅游客体和旅游介体相互作用所产生的物质和精神成果，旅游三要素中的任何一项都不能单独形成或构成旅游文化。

旅游文化是人类在历史发展过程中所创造的具有观赏和游览价值的物质财富与精神财富的总和，是体现和作用于旅游全过程中的一种特殊形态的文化。这样定义显然包括了作为旅游三要素的主体、客体、介体文化及其相互作用产生的文明成果。它既强调了旅游文化的核心内容——旅游客体文化（人类在历史发展过程中所创造的具有观赏和游览价值的物质财富与精神财富的总和），又点明了文化创造的主体（人类），同时强调了旅游文化寓于一般文化之中，是伴随着旅游活动发生、发展过程的一种特殊形态的文化。

### （四）旅游文化的特性

旅游文化是一种特殊形态的文化，分析把握旅游文化的特性，有助于进一步揭示旅游文化的本质，充分发挥旅游文化在旅游业中的作用。当然，旅游文化是一个复杂的整体，包含着丰富的内容，有着各种各样的形态。但是，它们既然共处于旅游文化这个系统中，必然具有一些共同的特性。

#### 1. 时代性

旅游文化是不断发展、丰富和完善的，不同时代旅游主体对旅游客体的认识、对旅游介体的需求是不同的，因而产生的旅游文化也不同。旅游文化总是在总结历史的基础上不断发展的,具有鲜明的时代性。

2. 地域性

由于旅游主体、旅游客体与旅游介体的地区差异性,旅游文化表现出强烈的地域性。比如,我国旅游文化资源的"北雄南秀"等。旅游文化这种地域上的差异性,也正是旅游活动得以发生的根本条件。

3. 民族性

旅游文化是人类创造的,它的民族性表现为由于不同的地理环境和历史条件的差异,不同的民族产生出本民族特殊的文化,进而表现在旅游中具有不同的旅游心理、旅游需求与旅游方式。

4. 创造性

旅游文化是人类创造的产物,特别是在旅游开发过程中,尤其注重对当地历史文化的整理、选择与彰显等。它是在传承历史旅游文化的基础上,吸收外来文化的优良成分,不断创造出既符合历史文脉又具有时代精神的旅游文化。

5. 综合性

旅游文化由于文化含义的复杂性而形态多样。它既包括具有实物形态的文化,又包括非实物形态的文化;既包括旅游主体、旅游客体、旅游介体文化,又包括旅游全过程中的文化表现与文化创造,因而具有综合性。

（五）旅游文化的构成

分析旅游文化的构成,是对旅游文化进行深入研究的必要前提。目前,关于其结构的研究主要有以下三种观点。

1. 按照文化三分法的结构模式划分

旅游文化既然是文化的一种类型,那么,根据文化三分法的结构模式,可以将旅游文化分为旅游物质文化、旅游制度行为文化和旅游观念文化三层。

旅游物质文化,是指旅游者视觉可辨识的关于文化的物质载体,包括作为旅游客体的自然景观和人文景观以及旅游商品、旅游服务设施等。

旅游制度行为文化，是指旅游活动中的各种社会规范和约定俗成的习惯，具体包括旅游法规、旅游企业的管理制度、旅游服务人员的行为规范等。

旅游观念文化，是指引导、影响人们旅游活动的直接或间接地在旅游实践中抽象出来的价值观念、思想信仰、审美情趣、思维方式等。

### 2. 按照旅游文化的主体划分

根据旅游文化的两个主体和旅游交换的过程角度，可将旅游文化分为旅游消费文化和旅游经营文化。前者是以旅游者为主体的文化，后者是旅游经营者所反映或创造的文化。

旅游消费文化包括旅游消费行为文化和旅游审美文化两部分。前者主要研究文化和亚文化对旅游者旅游动机、旅游态度、旅游决策以及具体消费行为的影响过程、机理和具体表现形式；后者则探讨旅游审美的文化特征和基本类型以及不同文化时空下旅游审美活动的演变和差异等。

旅游经营文化可按照经营活动对象和范围的不同分为旅游产品经营（或开发）文化、旅游企业经营文化和旅游目的地经营文化三个层次。

### 3. 按照现代旅游的三大要素划分

根据现代旅游的三大基本要素，可将旅游文化分为旅游客体文化、旅游主体文化和旅游介体文化三部分。

旅游客体文化，包括自然旅游景观文化和人文旅游景观文化。具体包括人文化的自然景观、旅游历史文化、旅游建筑文化、旅游园林文化、旅游宗教文化、旅游民俗文化、旅游娱乐文化、旅游文学艺术等。

旅游主体文化，包括旅游者的政治主张、思想和信仰、文化素质、职业、心理、性格、爱好、生活方式等，以及不同文化背景下旅游消费的文化表现等。

旅游介体文化，包括旅游企业文化、旅游管理文化、旅游商品文化、旅游文化研究与教育、导游文化、旅游政策与法规及其他旅游中介文化。

此种划分考虑了旅游与文化的有机联系，体现了旅游文化的个性，在旅游学界影响较大，本书也接受这种观点。但应注意，旅游文化像文化的构成一样，旅游主体、旅游客体、旅游介体相互作用、相互影响、相互渗透，形成一个有机的整体，只是为学习与研究提供不同的切入点，才对其进行划分。

### （六）旅游文化的功能

旅游文化功能是旅游文化系统对自然与人类发展所发挥的效能与作用。旅游文化的功能主要表现在人化自然、丰富和发展文化、推动社会发展与变迁、塑造旅游形象和陶冶人格等方面。

#### 1. 人化自然

人们用观念、审美眼光或行动象征或实质性地改变、塑造自然，使自然打上人类的烙印，成为"人化的自然"，就是自然的人文化过程，"比德山水""上善若水"都赋予了自然以人的情感、性格、美德等。人化自然的方式有诗化、史化、神化等。神话传说、游记文学、山水画和旅游影像都是人化自然的载体。

诗化自然是人们（旅游主体）发挥想象空间，通过自己的主观情感投射和附会到自然界，使其成为有诗情画意的自然，而如诗如画的自然又能带给人们以美的享受。诗化自然一方面是游客（旅游者）对自然的诗化，另一方面是旅游开发管理者如旅游策划者、导游人员、旅游项目设计者、旅游目的地的居民等参与了诗化自然，从而使自然变得生动而有诗意。

史化自然就是赋予自然以历史意义，使自然成为一部"史书"（或历史的"见证人"）。苏轼《念奴娇·赤壁怀古》对大江、赤壁的纵情讴歌，使其成为三国历史的见证者。

神化自然是赋予自然某种神灵，使其更加神秘，更具魅力和形象性。人们热爱自然又敬畏自然，加之对自然知之不多，于是神化自然的现象应运而生，出现多种有关自然的神话传说。虽然随着社会的进步，大自然的神秘色彩逐渐消退，但出于各种目的的神化现象并未停止。其中目的地居民创造的神话传说比旅游开发者创造的神话传说更自然持久，也更具有魅力。

## 2. 丰富和发展文化

虽然当代社会不同文化背景的人们可以借助现代通信、传播媒介和互联网进行频繁的跨文化交流，但是旅游是跨文化交流的最佳途径之一。旅游丰富和发展文化的功能主要表现在旅游文化作品本身是人类文化的宝贵财富；此外，旅游文化不仅能加速旅游目的地的文化演进，还能促进文化交流与传播，加快文化的融合与演进进程。

旅游文化的文化交流功能有助于消除由于长期隔绝而造成的偏见和误解，加强各地人民的互相了解，有力地促进地域间的文化交流。旅游文化在多种文化间的媒介作用，一方面是著名游记的文化传播，如《马可·波罗游记》；另一方面是旅游宣传对促进文化交流的贡献。在文化的交流中，旅游文化具有的"公共性""民间性"，能有效地减少文化间的冲撞和对抗，能促进不同文化和谐相融，例如桂林阳朔西街、大理洋人街等对推动文化交流与融合的作用有目共睹。

## 3. 推动社会发展与变迁

旅游文化通过改变旅游者个体的观念进而改变社会整体观念，促进社会的流动、发展与变迁。社会观念的转变是多种因素推动的结果，旅游文化是推动力之一。而旅游文化本身作为一种吸引力极强的旅游吸引物，吸引旅游者形成的旅游流，会给旅游地带来积极或消极的影响，引发人际关系、社会组织、劳动分工、社会分层等社会变迁。

## 4. 塑造旅游形象

旅游形象是某一地区内外公众对旅游地总体的、抽象的、概括的认识和评价，它是旅游地的历史、现实与未来的一种理性再现。旅游形象是在当地居民和旅游者共同作用形成的旅游文化中产生的，源于旅游者和当地人之间的文化碰撞，是旅游者对旅游地自然人文、旅游环境、旅游经营与服务、旅游地居民态度等综合体验和感知的结果。旅游形象按照形成过程分为原生形象、次生形象、复合形象三个阶段，也就是对旅游文化的体验与感知过程。

5. 陶冶人格

人具有追求真善美完美人格的理想，旅游文化既是人们追求完美人格的结果，也是实现完美人格的途径之一。游客通过旅游体验来增长自身的文化知识、提高道德层次和审美修养，而这正是旅游文化所体现的功能。

### （七）旅游文化与文化旅游

旅游文化与文化旅游是两个既有一定联系又有严格区别的概念。旅游文化属于文化的范畴，是文化的一个门类；与诸如建筑文化、生态文化、艺术文化等相并列，是文化的一种类型。而文化旅游属于运动的范畴，是旅游的一种类型，与诸如度假旅游、生态旅游、专项旅游等同属于旅游的一种类型。旅游文化与文化旅游在内涵上存在着有机的联系。一方面，文化旅游的发展丰富了旅游文化的内容，进而促进旅游文化的发展。另一方面，旅游文化的发展又能为文化旅游提供内涵丰富的旅游内容，以满足旅游者的各种文化需求。在外延上，文化旅游可以说是旅游文化的一个研究内容，而旅游文化的内容要比文化旅游丰富得多。

## 第二节　旅游主体文化

### 一、旅游主体文化在旅游文化中的地位

#### （一）旅游主体与旅游主体文化

1. 旅游主体的概念

旅游主体就是我们通常所说的旅游者，是旅游客体的游览主体。从辩证逻辑上来讲，旅游主客体是旅游行为中一对相辅相成的概念。没有旅游主体，就没有旅游客体，反之亦然。旅游主体是旅游活动的主体，是旅游审美的主体，只有与旅游客体相观照和相审视时，它才能成为旅游主体。旅游审美是以旅游主体对旅游客体的直接审视为条件的。

2. 旅游主体文化的界定

从文化的角度来看，旅游主体是文化的负载者和传播者。为什么这样说呢？因为旅游主体负载着原有文化的内涵。旅游主体前往相异的文化空间中进行旅行和游览，在将原有文化传播到目的地的同时，也将各地的文化和风俗带回并传播回原有文化环境之中。旅游主体并非简单的搬运工。他在传播文化的同时，在两种或多种文化的比较和熏陶中，创造出新的文化和审美成果。如游记、旅游诗、摄影作品、绘画等。而最重要的是，旅游主体在游览过程中，在对文化差异的比较中及文化交流的追求中，不断提高自身文化修养和素质，实现对真、善、美的认同。

#### （二）旅游主体文化在旅游文化中的地位

从本质上说，旅游文化是旅游的"人"化，即旅游者的文化，旅游主体文化在旅游文化中处于核心地位。这是因为旅游主体——旅游者在旅游活动和旅游文化中处于中心位置。从社会行为意义上讲，旅游活动是旅游者的异地远足游览；从文化角度来讲，旅游活动是围绕旅游者全部行为过程所发生的各种行为现象与影

响的总和。

从旅游主体与客体的关系看,旅游主体是旅游客体的主宰,作为自然山山水水的旅游客体在旅游主体产生以前就已经存在,但它并非是作为旅游客体而存在的,而是一种自然。只有旅游主体的出现,尤其是主体审美意识的产生,才使旅游客体成为旅游文化系统中的一环。旅游客体只是作为旅游文化的基础而存在。

从旅游主体与介体的关系来看,旅游中客体是旅游主体追求自由与限制自由的客观条件发生矛盾的必然结果,也就是说由于自然和社会条件限制了主体的追求和游览,而主体的这种追求又是坚定不移的,因此便滋生了帮助主体实现愿望的介体。旅游主体为了追求自由,要求旅游介体提供更好的服务,旅游介体为了获取更大的利润,不断满足旅游主体的需要,为主体提供更满意的服务。也就是说,介体的一切行为活动都是围绕主体而展开的。没有主体旅游,介体也就失去了工作的对象。

所以说,在旅游活动的三个基本要素(旅游主体、客体、介体)中,旅游主体是主导和核心。由此也决定了旅游主体文化在旅游文化中处于核心地位。在旅游文化中,旅游客体文化和介体以及常住地和目的地文化都因旅游主体文化现象的发生而被纳入旅游文化圈,并因旅游主体的线性流动而形成旅游文化系统。

### (三)旅游主体文化的主要特征

1. 时代性

时代性是指旅游主体文化子系统具有时代特点,不同时代的旅游主体在不同时代呈现出不同的文化观念和行为方式,即不同时代旅游主体的旅游文化观念和行为方式是有差别的。

(1)旅游主体性格

古代中国人表现为拘谨和内向;今天,尤其是青年旅游者则表现为开放和外向。

（2）旅游主体构成

古代休闲旅游者多为上层贵族；现在多为人民大众。

（3）旅游审美观念

对于同一个旅游客体，由于旅游审美标准不同，古代人可能不视为美意，现代人却欣赏倍加。大自然的某些现象在上古人的眼中是可怕的、灾难性的，而今天人们对自然山水的愉悦感受则完全不同。对人文景观的看法也是如此，中世纪人就曾斥责古希腊著名雕刻《米洛的阿芙罗蒂德》（俗称《维纳斯像》）为伤风败俗的女妖，而今天的旅游者则肯定其为艺术的典范。另外，旅游主体审美观念的时代差异性也与其所处社会环境文化的审美时尚密切相关。旅游主体的审美观念随着时代的发展而发展，但历史的长河中也出现过曲折甚至文化学倒退的情况。可见，旅游主体文化的时代性特征是鲜明的。

2. 民族性

民族性是指旅游主体文化子系统具有民族特色。不同的民族，其主体的旅游文化观念和行为模式是不同的。旅游性格受传统文化影响，中国大多数旅游者比较内敛稳健，西方大多数旅游者则比较外向和具有冒险精神；中国人倾向于旅游道德塑造，且富于人文情怀，而西方人重于求知价值，充满科学精神。旅游主体分属于不同的民族，不同的民族处在各自的文化生态环境之中。因此，旅游主体的审美风尚和审美标准便具有民族的差异性。

3. 层次性

层次性是指旅游主体子系统所具有的文化社会层次性差异。不同文化社会层次的旅游主体的旅游文化观念和行为方式各有其特色。同一社会不同社会阶层的旅游者，有着不同的经济收入、教育程度、职业性质、居住环境、旅游工具和闲暇时间，随之形成不同的旅游爱好、旅游观念和旅游性格。

**（四）旅游主体的文化身份与文化品位**

文化传统的形成有着多种因素，多民族文化传统也与其各自所生成的背景有着千丝万缕的联系。自然环境因素不仅作用于人的存在和生长，还作用于人类社会组织，且对人的心理产生强烈影响。一个群体在某一自然环境中生存了千百年后，将对这个环境产生心理上的适应。科学已经证明，人的心理素质和气质同自然环境有一定的联系。一般来说，由于人的心理机制要比生理机制更灵活、更易发挥作用，因此人的心理适应性也就更容易形成。当然，一种心理个性或心理特征的形成是一个过程，需要相当长的时间。所以当人们对某一地区适应之后，就认为它是故乡，时间越长，这种感觉越重。而人们生活在本民族区域，生活在自己适应的文化环境中，可以增强对外界压力的抵抗，这也是导致区域的、民族的文化共同体稳定的原因之一。

1. 主体的文化身份与人格个性

（1）文化身份

文化身份这一概念在我国学术界使用年限不长，但对其所涉及的问题，大家是很熟悉的。当一个人自我介绍时说"我是中国人""我是山西人"或"我是上海人"，他是以自己的国籍、省籍、市籍，即以自己生存的地域来限定自己，以区别于外国人、外省人或外市人。能使一个人、一个群体、一个民族或一国人和他人、他群体、他民族或他国人区别开来的，不仅是生存的地域，还有很多其他因素。那么，是哪些因素使我们成了中国人而不是美国人、法国人或埃及人呢？这些因素之间的关系如何？文化身份是怎么形成的？文化身份与民族性格的关系如何？文化身份与文化认同有什么关系？诸如此类问题，都是文化身份这个课题要研究的。关于文化身份的定义，可以说是众说纷纭。得到大多数人认同且比较简单的说法是，文化身份是一个人、一个群体、一个民族在与他人、他群体、他民族相比较之下所认识到的自我形象。这是一个对自我肯定的更哲理化的规定。

那么，文化身份的内涵是什么呢？或者说，构成文化身份或构成自我形象的成分是什么呢？文化身份的内涵即构成文化身份的成分，每个民族强调的重点不同。有的民族强调共同语言，有的民族强调宗教信仰，有的民族强调文化认同，有的民族强调族内婚姻。事实上，任何文化成分都可用来当作确认自我身份的标识或特点，以区别于他民族，达到自我肯定的目的。民族如此，个人也一样。20世纪80年代初，追求时髦的青年人把太阳眼镜上的商标留着而招摇过市与当今的人体彩绘都可使自己与他人区别开来，成为自我肯定的一种方式。当然，不同的肯定方式，其效果是不同的。在众多的构成文化身份的成分中，以下五方面是最为普遍和重要的。

①价值观念或价值体系，其中包括宗教信仰、伦理原则、世界观和人生观、集体和个人的社会理想等。这是文化身份的核心部分。不了解一个民族、一个群体或个人内化了的价值观念，就不能理解一个民族、一个群体或一个人的任何社会行为。

②语言，其中包括书面语和口语、方言和土话、行话和切口，以及表达语言的文字等。语言不仅是交际工具，而且是文化的载体。在身份体系里，语言扮演联络员的角色，其他成分都通过语言起作用。多亏了语言，构成民族灵魂的价值观念才代代相传；多亏了语言，一个民族的成员才互相认同，彼此感到亲切。

③家庭体制，包括家庭的形成、婚姻关系和家庭内部人与人之间的关系等。对一个民族来说，家庭就像文化身份的三棱镜，凡是文化所具有的一切特征，在家庭生活中都会得到反映。儿童首先在家庭中开始知道自己的身份，而后性格的发展和成年后性格的定型也是在家庭中进行的。人们对一个人的身份的最基本的概念，就是"某某的儿子"，认同的首先是此人的父母和祖先，因为他们之间有血缘关系。在海外的中国侨民常常以姓氏为旗帜，成立宗亲会，号召亲善和互助。

④生活方式，这里主要指构成生活的四大要素：衣食住行，即穿着方式、饮食习惯、居住方式和交通方式等。生活方式是文化身份最表象、最显而易见的成分，也是变化最为迅速的成分，在消费社会里尤其如此。生活方式是个人借以自我表现的手段，让别人知道自己属性的手段。生活方式不仅是表达行为的外在形式，而且是行为所包含的价值观念的反映。在一个多样化的社会里，生活方式因社会

阶层而异。社会地位和经济状况的不同决定生活方式的差异。教育水平和趣味的不同也影响人的生活方式。

⑤精神世界，这里指的是一个民族的历史发展过程中，集体记忆力所储存的种种形象。这些形象，有的是史前遗留下来的民族神话传说；有的是历史上对民族发展作出过贡献的重要人物、民族英雄等；有的是文艺作品中虚构的人物形象；有的是绘画艺术、造型艺术、建筑艺术、电影电视艺术等留下的视觉形象；有的是音乐作品，包括声乐和器乐作品、民歌、民乐所留下的听觉形象等。这种种形象把民族成员紧紧地凝聚在一起。一个人不管走到哪里，这些形象都伴随着他，藏在他的脑海中，成为其无形的精神上的依托。

以上述五种成分来分析，在旅游跨文化交流中，与其用人格，不如用文化身份概念更能概括旅游主体的文化特征。说主体的人格，主要是从心理学角度概括其心理特质和性格特点的总和；说主体的文化身份，更多的则是从文化社会学或文化人类学的角度概括了民族性格在内的上述五方面的内涵。对旅游者来说，其文化身份确认也就是在与其他人、其他群体，包括其他民族相比较之下所认识到的自我形象的确认。

（2）人格与文化人格

文化身份是一个综合概括力非常强的概念，具体表现为，我们在确认一个人的文化品位时，常用到人格概念。人格，作为学科的一个概念，不仅在心理学、社会心理学，也在文化人类学中出现。由此，对人格有不同的研究角度，也有略微不同的概念规定。不同学科对人格的定义中，所强调的重点不同。心理学者注重行为动力，文化人类学者注重整个内在过程特点。但是，二者都是把"心理过程"作为人格的内容。美国社会心理学家克里奇（Krech）认为，"人格是个人所具有的所有特性的总和，又是适应环境的特有机制，因此它是由环境不断改变着的"。我国心理学家孙本文认为，"人格是个人行为特质表现相当统一与固定的组合形式，简单说，亦可谓之个人行为统一的定型"[①]。

人格的差异性造成了人格取向的多元化，为了适应社会生活和人际沟通，需要进行社会文化的塑造，使之形成"文化人格"。文化人格是个人显现出来的有益于社会的崇高的个性和品格，是社会文化体系塑造的结果，它在保持个体人格的前提下，进一步融入了所交往的各种社会的文化品质。文化人格以人的个性结构为基础，以人的价值观念和文化素质为灵魂。

**（五）旅游主体的文化身份与人格个性**

旅游者个性的发挥与否，既与民族性格及文化人格对其约束的程度相关，更与时代的开放程度相关。时代越进步，个性就越解放，旅游者的文化人格就越呈多样化特色。这往往牵扯到文化的民族性与时代性的关系问题。值此文化转型之际，中国有不少人在旅游上呈现开放性格，虽然受到民族原生性格的约束，但时代又给了他们超越传统羁绊的推动力，从而形成次生性的文化人格特征。诸如徒步探险、漂流、攀岩、溶洞探险、远足野营、驾车周游乃至孤舟远航等盛行于西方的旅游项目已渐次在国内开展起来。旅游者文化人格与民族性格的关系，是个性与共性的关系。民族性格是就旅游者所呈现的整个民族的某些性格特征而言的，而旅游者的文化人格则是对个体旅游者在旅游活动中所表现出来的性格特征而言的。另外，人格、性格等其实都包含于身份之内，旅游者的文化身份应是一个更宽泛的概念。

**（六）旅游主体文化人格的塑造**

1. 旅游的发展体现着主体人性从必然到自由的发展过程

旅游主体文化人格的塑造，是建立在人性发展的基础上的。旅游的发展正体现着主体人性从必然到自由的发展过程。旅游最初的起源是劳作性的旅行，是人类在生活和生产功利目的驱使下所进行的旅行，诸如商旅、游贾、宦游、游学、巡游等。人性在此时表现为生活的必然。当人类的物质生活条件得到发展、人性发展需要更为广阔的空间时，旅游也开始逐步摆脱物质的羁绊，容纳更多文化的和审美的内容。如果说劳作性旅行尚有人类的被动适应性生存的话，那么审美性和休闲性旅游则是人们主动开拓生活乃至生命力再创造的活动。人一旦从与自然界的原始统一性中分离出来，成为人之后，他就会逐步摆脱与自然原始统一时形成的被动适应的特征。他会去开掘出自己主动适应的能力，并通过开拓、创造，在现存的文化环境条件中，为自己的生存获取更为丰富的物质财富，尤其是发展精神生活，使自己活得欢快、浪漫而多彩，活得更有意义。主体的艺术化生存和自由的实现是人类本性追求的理想目标，是人本质的规定。旅游从古往今来的劳作性旅行向文化审美性的方向发展，表明旅游主体从求生意志向求胜意志的超越。求胜意志使旅游主体追求高层次的文化审美享受和精神满足，并在此活动中不断完善旅游者的文化人格。

2. 旅游对旅游主体文化人格的塑造：求真、向善、审美

旅游者的文化人格是旅游者在旅游活动中，以个体人格为基础，融合异国他乡的异质文化品格后形成的一种扩展而多元整合的旅游性格特征。旅游是一种高尚的文化活动，具有塑造旅游者文化人格的功用。旅游主体文化人格的最高标准是理想人格，旅游者理想的旅游人格是可望而不可即的，但作为一个灯塔照亮旅游者人格追求的航程。最先是浪漫主义大师庄子对旅游主体理想人格的憧憬和描画，他将旅游主体自由意念的发挥推至极致，并提出了理想的旅游主体人格——"至人""神人""圣人"。与道家关于旅游主体的理想人格的出世倾向不同，儒家对主体的理想人格的追求是塑造道德完善的仁智之士。他们都将山水之游当作陶冶心性的途径，当成最终达到圣人境界的途径。当然，旅游主体的理想人格毕竟只是一种理想，这种人格的建立必须通过旅游者漫长的一次次的旅游，将旅游作为修身养性的生活，不断地塑造自己的心性来实现。旅游主体的人格塑造，包括求真、向善和审美诸方面，这些都可以在或艰辛跋涉或自由浪漫的旅游活动中得以实现。

旅游可以塑造人类的审美文化人格。人们通过旅游，不仅可以获得美的享受和心神的愉悦，还可获得超越本我的崇高感。当人们漫步异域他乡，不管是喧嚣

的城市还是幽静的乡村，一样的阳光，一样的天空，却能让人拥有一份不一样的情怀。

旅游更可以塑造人类的向善道德人格。旅游净化并充实了人类的心灵，有助于形成自由、远大而高尚的理想。通过艰辛的或欢畅的旅程，可以使人们重新珍惜一些东西些平日看来习以为常，甚至理所当然的东西。只有背着沉重的行囊跋涉在不期而遇的风雨中，才知道冬日围炉的温馨；只有饥肠辘辘啃着干硬的面包，才会想起家常便饭的香甜；只有面对困难孑然无助时，才知道亲情的可贵。此时此刻，一个会心的微笑、一声友善的问候，都会使人油然而生感激之情。旅游可以塑造人类的求真文化人格。由于不断探索的欲望，人类永远会将目光投向远方，他们怀着强烈的好奇心，把每一次旅行都当成对神秘世界进行了解的过程。废墟上方的明月，残碑旁的落花，会引导人们的目光穿越遗忘之丘，追溯祖先文明的进程；而茅檐低舍、小桥流水，则会使人们的思绪沉浸于永恒的安详，重温先民们恬淡质朴的生活。

旅游是人类跨文化交往中的学习。爱琴海几千年的哀怨传说、埃及金字塔玄奥的咒语、富士山樱花的灿烂与乞力马扎罗山下的狮群，历史之趣、自然之谜，旅游使人类获得异质的文化，并且增长见识、增加人生的体悟。今天，旅游所蕴含的文化禀赋正反映了当代旅游活动和观念由物质本位向人性本位的转移。这也是旅游文化总体上的发展和成熟的必然趋势。随着这种转移，当代的和未来的旅游活动将会越来越多地关注一些昔日不曾或较少为人们所关注的目的地，即那些普通的、平凡的在异国他生活的乡人的日常生活场景。然而，正是在这种对过往的自然和人文的生活的充分关怀和细腻体察中，那些过往的境遇才会重新充满现实的情怀和切肤的温暖。只有这样，旅游作为文化的历险才能从一种休闲的方式上升为生命存在的方式，而此时生命存在的方式才能真正进入完善、完美的境界。

## 二、旅游主体在旅游活动中的文化角色及文化动机

### （一）旅游主体在旅游活动中的文化角色

旅游活动不是一种单纯的物理运动或生理需要，而是一种具有复杂心理过程和多向交流过程的文化运动。

#### 1. 旅游主体是文化的需求者

（1）旅游主体的文化需求是人类自身的一种发展需求

旅游活动与人类其他认识活动和实践相同，都是人类的需要。但是，与人类的一般自下而上的需求不同，这是人类自身一种发展的需求。从旅游文化学的角度说，前者是人类在解决生存、温饱之后更高的发展需求（多为精神需求），是为了追求更有价值的生命意义，而后者则是为满足人类自下而上的需要；前者注重生活和生命的质量，后者注重生活和生命的数量；前者是发展、丰富生活和生命的手段，后者则是维持、延长生活和生命的手段。鲁迅在谈到人类的生命过程时曾说过："一要生存，二要温饱，三要发展。"旅游活动对于人类来说，无疑是属于一种发展的需要。如果说单从人们一般的自下而上的需要来说，解决起码的衣食住行或要求更好的衣食住行是社会发展的一般规律。但是从旅游文化学的角度来说，这并不一定符合旅游者的需求，如居住在舒适、宽敞的洋房里的欧美旅游者偏要住一住北京的四合院或云南的傣族山寨，这一行为显然不是出于生存的需要，而是为了满足体验异域古代生存方式的心理需要，具有浓厚的人文色彩。又如，家田耕作自古以来就是维护人类生存的最重要的方式，务农是人类传统的生存需要。但是，近年来在日本兴起一种别具意义的"务农旅游"。旅游者每天和当地农民一道早起下田劳动，一道戴月而归。除持镰割稻外，还有挖红薯、收蔬菜等农活。这些务农旅游者不但得不到报酬，反而要交费。很明显，这种农作劳动已不是出于一种生存上的需要，而是为了满足现代社会中人们的一种发展的需要，即一方面是为了继承、发扬日本的"稻作文化"传统，以引起人们对粮食生产的重视，另一方面也是体验一种与都市不同的生活，培养自己的劳动品格。

（2）旅游主体的文化需求是物质性需求，更是精神性需求

旅游主体的文化需求是多种多样的，但归纳起来不外乎是物质需求和精神需求两大类。应该说，旅游主体的文化需求是以精神需求为主的，至少是在物质需求中伴随着强烈的精神需求，或者说，旅游主体的文化需求主要体现在物质需求完成之后的那种精神需求上。因此，旅游主体的旅游活动实际上是一种心理和情感体验。例如，许多中外旅游者到了长沙，总是要去火宫殿吃一次著名的小吃——油炸臭豆腐。就"吃"来说，是一种物质性需求，但旅游者在吃油炸臭豆腐时，绝不是将此作为维持生存的手段，而是作为一种异己的文化现象来看待。

2. 旅游主体是文化的传播者

（1）旅游主体文化传播的方式

旅游主体对某一异己文化的认知、体验及其对旅游地居民的影响，构成了旅游活动中的文化传播过程，其中主要有两种传播方式。

①归向文化传播。这是指旅游主体从旅游地归来后，根据自己对旅游地文化的认知、体验而向他人或社会转述而形成的文化传播。这一传播具有如下几个方面的特征。

第一，传播的有意性。这是旅游主体对自己的经历和对旅游地风土人情的转述、回忆而主动进行的文化传播。西方学者罗伯特·麦金托什曾经认为，许多人的旅游动机往往来自旅游主体归来后的炫耀，而炫耀内容本身即是一种有意的文化传播。这种文化可以说是被旅游主体"有意带回来的文化"。在交通不很畅通、住宿业不发达的中世纪以前，这种文化传播方式是当时地域之间、国家之间最主要的文化传播方式。如《马可·波罗游记》就是当时西方了解东方文化的主要依据，马可·波罗对自己的旅游经历的回忆和体验就是对东方文化的有意传播。因此，从此意义上说，所有的旅行者或多或少都是文化的有意传播者，他们"带回了文化"。

第二，传播的局限性。由于旅游者的个人视角、感受程度、文化素质等因素

的影响,加之旅游业的引导等因素的作用,这种归向文化传播具有某种限定性,即旅游者"带回来的文化"不是整体的而是局部的,不是客观化的而是主观化的。所以这种文化传播往往有明显的局限甚至变形。

②来向文化传播。这是指旅游地居住者对前来游览、观光的旅游主体所表现出来的文化意义的认同和理解。这一文化传播具有如下特征。一是传播的无意性。除了那些宗教旅游者和其他负有特殊任务的旅游者外,来向文化传播多是无意性的。因为旅游者文化对旅游居住者文化的影响往往是通过潜移默化的过程来实现的。二是传播的示范性。旅游主体文化往往对旅游居住者具有示范性影响,后者对前者的"察言观色"的效仿,构成了来向文化的传播过程。它主要表现在居住者中青年一代对旅游者的服饰、姿态等外在行为的模仿。例如,牛仔裤在我国最早就是在旅游地和开放城市流行起来的。随着时间的推移和开放程度的深化,居住者与旅游者在外在服饰等方面的距离也越来越小。

(2)旅游主体文化传播的积极影响和消极影响

①旅游主体文化传播的积极影响,主要包括以下两个方面。

第一,以旅游主体为媒介,促进了地域、民族、国家的文化交流,有助于人类文化一体化的完成。近代以前,旅游是传播知识和新发明并获得其他国家情报的主要途径之一。可以说,旅游者的流动自古以来就对人类文化的交流与生活起着巨大的作用。公元前139年,张骞出使西域,开辟了"丝绸之路",加强了西汉与西域少数民族地区及中亚各国的联系,促进了各民族之间的文化交流。意大利传教士利玛窦于16世纪来中国传教的同时,还热心传播西方的科学,研究中国的学术,他与中国官员兼学者徐光启合作翻译了中国第一部《几何原本》,成为东西方文化交流的友好使者。可见,旅游活动就是一种文化交流活动,旅游者本身就是文化交流的媒介。

第二,在来向文化传播中,旅游主体文化的积极影响不限于居住生活,它对旅游主体即文化资源本身也构成重要影响。许多旅游文化资源都是通过旅游者的不断体验而被发掘并增值的，也就是说，某些旅游文化资源的价值存在于旅游者的事后体验之中。

②旅游主体文化传播的消极影响。旅游主体文化在对旅游地文化产生积极作用的同时，也必然或多或少地产生一些消极作用。这一消极作用被称为旅游的"文化污染"，即由于旅游业的发展，各种旅游者的介入，给旅游地造成的物质破坏和社会文化的消极影响。当然与旅游主体文化传播的积极影响相比较，这种消极影响一般来说是次要的，也是难免的。旅游主体文化传播的消极影响或者说旅游的"文化污染"大致有以下四个方面。

第一，旅游地生态环境的破坏。由于旅游主体的大量进入，特别是一些低素质旅游主体不注重对环境的保护，产生了许多对自然生态环境具有极大破坏作用的"生活垃圾"，严重地污染或破坏了旅游地的生态环境。

第二，具体的文化破坏。旅游主体文化的产生来自对人生阅历的检验，来自"事后向人的炫耀"，因此强化自己经历的欲望在旅游的行为中表现得十分突出。如果旅游者素质不高，这种个体便以种种不正常乃至丑恶的方式表现出来，从而对旅游地构成具体的破坏。其中最典型的便是在旅游地到处写字或涂画，如"ⅩⅩ到此一游"等。就旅游主体乱写乱画行为的结果来说，无疑是对旅游资源的破坏。

第三，旅游主体的求奇、求新心理刺激了旅游地的"文化赝品"的盛行。每个国家和地区都有与众不同的地方。文化特色越突出、越鲜明的地方对旅游主体越有吸引力。为了吸引旅游者，一些旅游地便大肆制造"文化赝品"。有些地方以保持和恢复传统文化的本来面目为名义，不顾当地文明、文化的事实和现实发展状态，硬是保留甚至制造出一些原始部落，还煞有介事地标上正宗传统文化的标签，冠以"人类学的活博物馆"的美名供观赏。有些地方还进行一些色情表演或服务。旅游活动的最终意义是一种文化活动，如果把"赝品"或者低俗的东西作为一种不加注明的"真实信息"提供给旅游者，则是违背这一终极意义的。

第四，旅游主体文化与居住者文化的差异造成了旅游地的文化失衡和社会的波动。现代旅游者大多有一种返璞归真的欲望。相对而言，那种自然、古朴的环境多存在于现代化不充分或经济欠发达的国家和地区。所以在很多时候，旅游者与居住者之间往往表现出较大的文化差异。当然这种差异不仅仅体现在经济上的先进与落后之差异，还表现为两种不同文化素质之间的差异，如价值观念、生活习性、情感方式等。这种反差并非是经济上的，更主要是文化心理上的。从旅游地的整个社会构成来看，旅游主体文化冲击了旅游地居住者之间的人际关系，许多人对这种改变是不愿意接受的。

**（二）旅游主体的文化动机**

从旅游文化的角度来看，旅游主体常见的文化动机有以下几种。

1. 审美动机

人们旅游的动机是多种多样的，不过，审美动机是诸多旅游动机中的优势动机，审美型的旅游主体是旅游队伍中的主力军。人类的审美需要通过旅游来满足有两个重要的原因：一是从旅游客体的角度来看，旅游资源与一般资源的根本区别在于它具有审美的特征，具备观赏性。旅游主体外出旅游就是要获得精神享受，通过对旅游资源的欣赏，满足人的审美需要。二是从旅游主体的角度来看，现代旅游活动是社会经济、文化发展的结果。随着人们精神生活的不断丰富，旅游已经成为社会生活的重要成分，通过旅游来实现审美是现代审美文化的重要内容。旅游审美动机可以分为以下几种类型。

（1）自然审美型动机

自然审美动机的指向是自然美。自然美是一种最常见的美的类型，为了陶冶性情、修身养性，旅游主体大多愿意选择以自然作为审美对象，通过欣赏自然之美，消除疲劳，提高自身的审美力。山川流水的质感、线条、色彩等搭配，能够给人以不同的美感，天象、气候、动植物等也能让人有不同的审美体验。

（2）艺术审美型动机

艺术审美型动机是以欣赏艺术作品作为旅游的目的，审美的对象涉及各类人文艺术品种，如建筑以流畅的线条、风格各异的造型吸引游客，用人的智慧创造出巧夺天工的艺术美感。

（3）社会审美型动机

社会审美型动机是以审美的眼光观察、体验旅游地社会的制度、结构、人情、伦理、道德、民风与生活方式。各种服饰、礼俗等对人的感官给予愉悦感，并带来审美的因素。尤其是独具特色的民族民俗风情往往是一个旅游地吸引游客的最大亮点，因为它呈现了当地自然、人文方面的个性特征，是区别于其他地区的最主要的标志，往往会成为一个地方最不容易被遗忘的特点，如傣族的泼水节就是典型。

（4）饮食审美型动机

美食作为中国文化"四宝"（绘画、书法、中医、烹饪）之一，往往成为旅游主体的旅游动机，可以说，大部分中国旅游主体的旅游动机中都含有这样的动机。饮食，尤其是东方的饮食，不仅能够满足人们品尝的愿望，更是在很大程度上给人带来了美感。

2. 学习动机

学习动机又可细分为有目的的学习和无意识的好奇两种类型。

（1）学习

相比书本知识的有限而单调，旅游可以开阔视野，能学到大量书本上学不到的知识，也能为书本知识作必要的补充。"读万卷书，行万里路"是中国古代朴素的旅行观，自春秋时期以孔子为代表的士大夫阶层的游学，到汉代司马迁的社会考察旅行，到唐宋文人墨客的漫游及僧侣的仙游，再到明清时期李时珍、徐霞客等专业人士的调查旅行，以及唐寅等艺术名人的周游各地，无不以学习作为一大动机，为自己的专业领域提供丰富的素材。正是旅行，成就了《论语》《史记》《徐霞客游记》等珍贵的中华文化遗产。

中国当今满足旅游者修学旅行的典型例子当数孔子家乡修学旅游。孔子家乡修学旅游始创于 1989 年，以接待海内外修学旅游团体为主，每期十余人到几十人不等，修学期限一般 3～15 天。开学时，学员身穿中国古代学士服，头戴学士帽，在孔子当年讲学的孔子杏坛前举行开学典礼。学习方式是授课与参观、实践相结合，主要学习内容有孔子生平及其哲学思想，以及中国历史书法、绘画、音乐、武术、民俗、中医、烹饪等，一般半天安排学习，半天参观、实践。结业时，在孔子墓前颁发纪念证书。孔子家乡修学旅游具有浓郁的中国传统文化特色，集知识性与趣味性于一体，深受海内外游客的欢迎。

如今，随着人们素质的提高，越来越多的游客渴望从旅途中增长见识，扩大视野。出于学习动机旅游的主要人群是学生、学者。广大学生为了补充书本知识而进行的修学旅游，如中小学生专门针对课文所述的景观的旅游，高中生的理想大学之旅，或者学生到国外名校的旅游，以及专家学者的考察及学术会议、论坛等，是最常见的修学旅游方式。

（2）好奇

好奇是人之本性。出于学习动机旅游的游客是抱着特定的学习目的去旅游的，而出于好奇动机旅游的游客则缺乏这种具体的学习任务，只是怀着一种探索求新的愿望去了解不同环境里的异域风情。其实人们不断追求新的旅游地，很大程度上就是满足自己的好奇心。当然旅游主体的兴趣不同，对不同景观的好奇程度也不相同。例如，对于西方人来说，遥远东方的中国一直是个神秘的国度，这里有着不一样的风物和人情。新中国成立初期一直到改革开放之前，外国旅游者只有少数能进入中国内地。改革开放后，外国旅游团纷至沓来，希望能亲眼看看中国的风采。

3. 刺激动机

寻求刺激，是人类普遍追求的一种需要，只是程度上不同而已。日常生活模式化使人们对千篇一律的生活很厌烦，家庭生活或工作的单调性、可预见性和不变性，必须以一定程度的复杂性和变化来刺激。刺激不足容易使人产生疲倦，而旅游正是对现实生活的逃避，可以改变生活的单调性。

旅游主体都带有一定程度的寻求刺激的动机，希望到一个与平时不同的生活环境中去体验不同的生活。对于与日常生活不同的体验有一定的不可预见性，这种不可预见性多少也就带了一些刺激的成分。

对刺激的追求，依人的不同个性心理特征而有所差异。人们的个性心理特征可分为自我中心型、近自我中心型、中间型、近多中心型和多中心型五种类型。自我中心型的人谨小慎微，不爱冒险，外出的可能性相对较小，旅游时容易选择常规类型并且风险小的项目。与之相反，多中心型的人行为上喜欢新奇，爱冒险，更喜欢另类的旅游，以寻求更大的刺激。其余的三种类型处于两者之间。今天，追求刺激更多地表现在对生理和心理的挑战上，包括登山攀岩、滑雪、野外生存、漂流、山地穿越、蹦极、滑翔等多种具有挑战性和探险性的体育活动。城市白领和一些高收入、高压力人群不少倾向于用这种刺激的方式来放松身心。

4. 怀旧动机

人类对失去的历史有一种怀念之情，希望能够看到历史的遗迹，重温失去的光阴，以此来满足人的归属感和认同感。现代怀旧是指对过去事情的失落感，这些东西是人们曾经熟悉的东西，具有某种象征和表达感情的符号意义。当代人的怀旧既有人类对工业化时代以前的普遍怀念，也有各地区的人们对其他时代的怀想。不同的人由于生活、教育等背景不同，所怀想的旧念也各不相同。当然，怀旧的方式也是丰富多彩的，很多人可以通过旅游的方式达到对怀旧的全方位实现。因此，怀旧常常会作为一种旅游的动机出现，直至影响旅游决策和行为的最终实现。如"重温历史，怀念过去光阴""寻根问祖，故地重游""返璞归真，寻访乡村生活"等都是怀旧动机的具体体现。

**三、旅游主体的旅游心理与审美主题的规定**

旅游主体是旅游活动中的主角，如果没有这个主角，旅游的资源和设施将无法得到利用，旅游业的从业人员将无所事事，旅游业也将无法开展。旅游主体又是旅游活动中的上帝。一切旅游资源、设施以及从业人员的工作都服务于旅游主体，研究富于个性的旅游主体的心理特征，是旅游主体文化研究的重要内容。

**（一）旅游主体的一般心理特征**

1. 旅游主体的兴趣

作为心理特征内容之一的兴趣，对于人们从事各种社会活动有着直接或者间接的影响。在旅游活动中，旅游主体的兴趣贯穿于旅游过程的始终，给旅游业带来各种各样不容忽视的影响。旅游业的从业人员要经营好自己的产业，首先必须了解旅游主体的兴趣，继而创造条件满足他们的正当兴趣。旅游主体的兴趣主要表现在物质兴趣和精神兴趣两个方面。

（1）旅游主体的物质兴趣

旅游主体在旅游活动过程中的物质兴趣，包括食、住、行、购等方面。

饮食方面：旅游地的饮食文化是旅游主体最感兴趣而且极想亲自体验的一项重要内容。外国的旅游主体到中国，想吃到具有中国特色的食品，如饺子和春卷等；中国的游客到国外，也想品尝到各国风味食品，如到了法国，想吃法式西餐和饮用法国的白兰地，到阿拉伯，想吃烧烤等与中国食品风格迥异的食物。从国内范围的旅游主体来说，内地的旅游主体到沿海，想吃鲜美的鱼虾等海产品；平原地区的旅游主体到山区，对山区的特产山珍和真正意义的绿色食品感兴趣；到西安，谁都不会放过品尝羊肉泡馍的机会；到广州，想品味久负盛名的早茶；到内蒙古牧区，想品尝手抓羊肉。

住的方面：除了各种档次的宾馆、饭店之外，各种富有地方风情、民俗情韵的居住方式，也是旅客最感兴趣的。如北京——四合院，北方——火炕，内蒙古——蒙古包，西南地区——竹楼。

行的方面：汽车、火车、飞机、轮船等现代交通工具是远距离旅游的必备条件，也是旅游主体所追求的物质兴趣之一，因为许多旅游主体第一次选用某一种交通工具时，常常是出于物质享受的目的，是想享受一下其中交通工具给人带来的快感。而短距离的旅游或是在旅游区内观光游览，旅游主体则更倾向于选择特殊的或比较原始的交通工具，如乘坐狗拉爬犁、马车、竹排，或骑马、骑大象等。

购物方面：旅游主体对外地、外国的商品一般都具有比较浓厚的兴趣，尤其是有着浓厚地方特色的物美价廉的商品或者可以作为纪念的商品。

（2）旅游主体的精神兴趣

旅游主体的精神兴趣中，认识兴趣是一个重要方面。随着现代旅游业的发展，旅游主体对于满足认识兴趣的专项旅游表现出特别浓郁的兴趣。例如，旅游者参观博物馆，以满足其对于自然和社会认识的兴趣；参观古建筑、纪念馆，以满足其对于各地历史认识的兴趣；参观少数民族部落，以满足其了解其他民俗文化的兴趣。此外，像探险旅游、宗教旅游等，都是为了满足某一领域的兴趣。

旅游主体在参观、游览的过程中，还表现出强烈的认识自我的兴趣，即亲自实践、亲自参与、检验自我、发现自我的兴趣；游览牧区时，与牧民共同放牧的兴趣；海上游玩，与渔民共同捕鱼的乐趣等。

观看或者参加文艺活动、体育表演的兴趣，也是旅游主体精神兴趣的一个组成部分。大多数旅游主体都希望在旅游的过程中能有机会一睹各国或各地的文艺表演，并把它作为旅游生活中不可缺少的基本内容之一。有些旅游主体甚至还参加到文艺表演之中，如到苗族、傣族地区去旅游，便可以与当地居民一起载歌载舞。

随着现代奥林匹克运动的发展，世界各地经常举办各种类型的体育比赛，观看体育比赛和观看文艺演出一样，同样是旅游主体极感兴趣的内容。尤其是随着本国或自己支持的运动队到其他国家、地区去观看比赛，当啦啦队成员，更是一部分旅游主体所狂热倾心的。

另外，各种休闲兴趣也是旅游主体较为热衷的精神兴趣。例如，钓鱼、爬山、游泳、划船、骑自行车等等，都是为了使自己得到放松与休息，或增添自己的休闲兴趣。

2. 旅游主体的气质与性格

和旅游主体的兴趣一样，旅游主体的气质、性格对旅游主体自身的旅游生活以及对旅游业的旅游服务同样会产生很大的影响。

（1）旅游主体气质的四种类型

气质是指人的高级神经活动类型的特性在行为方式上的表现，也是指人的心理活动发生的速度、强度和指向性等动力的特征。旅游主体的气质可以分为四种，即活泼型、安静型、急躁型和胆小型。

活泼型气质，即通常所指的多血质气质。具有这种气质的旅游主体活泼好动，很热爱旅游，也很适合旅游。他们希望旅游项目丰富多彩，以满足他们容易转移的注意力。他们不喜欢长时间地沉浸于某种单一的旅游项目之中，尤其是那些只需静观而无须运动的项目。他们特别热爱爬山、游泳、跳舞等。在与其他旅游主体相处的过程中，他们热情大方，善于交友，能够替别人着想，尽可能地帮助别人，因而容易获得别人的好感，成为受人信任的伙伴。对于旅游服务，他们能够善意、直率地提出自己的意见和看法。

安静型气质，即黏液质气质。具有这种气质的旅游主体具有比较稳定的兴趣，一般不易转移。他们乐于参加以往曾参加过的、比较平衡的旅游项目。他们的旅游计划比较周密，对旅游线路、就餐饭店、住宿等都考虑得十分详细，旅游中他们沉默寡言，不与别人交际，也不愿意与旅游服务人员多接触，而只愿独来独往。对于服务中存在的问题，他们一般都能保持理智，用比较平衡的方式表达自己的态度，如果个人遇到麻烦，也不愿去打扰别人，而愿自己解决。

急躁型气质，即胆汁质气质。这类旅游主体精力充沛，但情绪不稳定，容易激动，在旅游过程中表现得容易急躁，缺乏足够的耐心。他们喜欢参加富有刺激性和挑战性的项目，喜欢在各个方面都争得领先的位置。遇到困难和挫折时，常常会忍不住生气、发牢骚，甚至有过激的行为。同时他们热情洋溢，喜欢直率地表露自己的情绪，当看到美好的景物或遇到开心的事情时，总是把这种情绪溢于言表，公开表露，甚至不顾一切大喊大叫，他们为人热情，乐于帮助别人。

胆小型气质，即抑郁质气质。具有这类气质的旅游主体胆小畏缩，他们对于旅游项目、旅游方式的选择常常具有传统的习惯倾向，只喜爱自己比较熟悉的、比较平衡的旅游项目，对于新开辟的旅游场所、新的旅游项目不大感兴趣，对那些刺激性强、有危险的项目则不感兴趣，甚至讨厌。他们有强烈的自我保护意识，在旅游中行动迟缓，十分重视内心的体验，对于外部事物认识兴趣很浓，注重认真观察、仔细体会，注意搜集各种资料。这类旅游主体的性格比较孤僻，对别人的戒备心很强，不喜欢交流。

（2）旅游主体的性格

一个人的性格是指某人现实所持有的稳定的态度及其习惯化了的行为方式的个性心理特征。性格与气质不同，它是人们在后天的生活、教育和个人参加实践活动中逐步形成的，是一个人的个性心理特征的核心部分，与其个人自身的世界观、人生观和思想作用紧密联系。

旅游主体按照不同特征划分，可分为不同的性格类型。

①按照旅游主体的心理机能的特征划分，可以分为理智型、情绪型和意志型三种性格类型。

第一，理智型旅游主体。他们是具有良好的修养、层次较高的人。他们能够根据个人的身体、经济、时间等条件来安排旅游计划，考虑细致，具有科学性。当计划与实际情况发生冲突时，他们又能及时改变计划，表现出很大的灵活性。在情绪上他们表现平衡，高兴时不狂放，遇到挫折不沮丧。能够理智地处理好与其他旅游主体及旅游服务人员之间发生的问题。

第二，情绪型旅游主体。这一部分旅游主体情绪度比较大，喜欢感情用事。他们的旅游计划、行为完全受其情绪的控制。有时显得比较幼稚，缺乏科学性、合理性。在旅游中为了满足个人感情的需要，他们常常超过自身的消费。他们的感情外露，高兴时大喊大叫，不高兴时则牢骚满腹。

第三，意志型旅游主体。他们是执着追求的人。当他们个人准备好旅游计划后，便积极行动，按计划行事。执行时遇到困难也不后退，而是迎着困难，为实现自己的预期目标而努力。

②按照旅游主体心理活动的倾向划分，可分为内向型和外向型两种性格类型。

第一，内向型旅游主体。他们的情感从不外露，旅游时比较小心谨慎；对外部的各种刺激反应不强烈、不敏感，适应环境的能力较差；他们不喜欢与别的旅游主体交往，很少与别人一起行动、交谈，情绪上常常表现得郁郁寡欢。

第二，外向型旅游主体。他们性格外露、开朗、大方、活泼。在旅游活动中表现得积极，行为上无拘无束，不拘小节，喜欢主动与其他旅游主体交谈，能很快适应旅游环境的迅速变化。

③按照旅游主体个体行为特点划分，又可以分为独立型和顺从型两种性格类型。

第一，独立型旅游主体。这类旅游主体善于独立思考，有自己的观点，他们完全按照自己的想法去处理旅游中的各种事情，在旅游地点、项目的选择上以及旅游购物等方面，不大会受别人的怂恿而改变计划。遇到突发情况时，他们能够沉着冷静，摆脱困难。

第二，顺从型旅游主体。与独立型相反，这类旅游主体缺乏主见，独立决策能力较差，旅游中愿意听从旅游服务人员的引导，也喜欢效仿其他旅游主体的做法。对于外界的暗示、宣传缺乏主见，常常上当，也经常后悔。

④按旅游主体的社会生活方式来划分，可分为理论型旅游主体、经济型旅游主体、审美型旅游主体、社会型旅游主体和宗教型旅游主体。

理论型旅游主体。这类旅游主体能看出旅游生活中的问题，但只会高谈阔论，却不能切实地找出解决问题的办法。

经济型旅游主体。这类旅游主体善于精打细算，能将时间和金钱在旅游中发挥出最大的效益,但有时过于斤斤计较。

审美型旅游主体。这类旅游主体为了寻求生活和自然中的美而参加旅游活动,他们不太考虑经济方面的得失,也不去计较与审美活动不相干的事情。

社会型旅游主体。这类旅游主体对社会有较强的责任心,注重旅游环境的质量,能以自己的实际行动保护各种旅游资源,能够尽自己所能帮助其他旅游主体。

宗教型旅游主体。这类旅游主体旅游的目的是朝觐。为了去向神灵膜拜,他们一般很少有杂念,表现出与世无争的态度。

**(二)旅游心理的发生**

人们要参加旅游活动,是为了满足其需要,根据人内在的某种需要,人们的动机可以归纳为两个方面。一方面是原始性动机,即生理起源动机,或称作生活起源动机。这方面的动机是由人的一般性需要和动机性需要产生的,是满足身体内部生理平衡的动机,它的内容包括消除饥渴、改善睡眠、解决痛苦等,原始性的动机是人的比较简单、低级的最基本动机。它产生的需要是低级的需要。另一方面是社会性动机,即人的起源动机或衍生动机。它是通过学习而获得的,由人的信念、道德、理想等引起的动机,包括人们对工作、成功、履行社会义务以及道德感等的需要。

根据外在的某种刺激,人的动机又可分为物质需求与精神需求两类。物质需求是指人们对衣、食、住、行等各种生活和生产必需品的需要;精神需求指的是人们对现实形态如理想、科学、文化、艺术等的需求,以及获得自尊心、成就感、荣誉等的需求。

人的需求是多方面的,是复杂的。美国著名心理学家亚伯拉罕·马斯洛(Abraham Maslow)提出人有五个层次的需求,即生理的需求、安全的需求、归属与爱的需求、尊重的需求、自我实现的需求。在五大需求的基础上,他又将它们分为七大层次,分别为:生理需要,即吃、喝、住、行的需要;安全需要,即躲避危险的需要；归属与爱的需要；尊重的需要，即受到别人称赞及尊重的需要；认知的需要，即求知探索的需要；美的需要；自我完善的需要。这七个层次的关系是由低级到高级递进的，人类只有在满足了生理需要的最初基础上，才逐步向更高一级的需要发展。

依据人的行为是满足人自身某种需要的理论，我们可以探讨一下，人们的什么需要刺激了人们去从事旅游活动。

首先，人们从事旅游活动是出于其对生理满足的追求。保持健康、维持身体内的生理平衡，是他们最基本的要求与愿望。人们去旅游，所追求的正是要获得生理需要的满足。例如，生活在寒冷地带的旅游主体到温暖的地方去旅游，其目的之一是有效地躲避寒冷对人们的侵袭；反之，生活在炎热地方的人到凉爽的地方去旅游，也是为了免遭酷热之苦。患有各种疾病的人以及经过长期劳作、需要通过休息来恢复精力的人，希望到海滨、山地等环境优良的地方去旅游，获得那里纯净的空气、明媚的阳光和特殊矿物质等，以利于病痛的康复和疲劳的消除。现代掀起体育旅游，其参加者动机是多方面的。但其中最基本的动机就是强身健体、焕发青春。生理需要的动机占据了首要位置。同时，人们从事旅游活动不但是追求在环境方面获得满足，也是追求在物质方面满足生理需求，这主要表现在饮食方面。人们在旅游中，追求物质上满足生理需求的愿望是很强烈的。当然这种追求不是低级维持生命，而是为了更健康、更长寿。在旅游的过程中，每到一地，旅客的最大愿望之一就是希望品尝到当地的各种风味食品、名点小吃，从而一饱口福，获得物质方面的享受。此外，旅游主体通过旅游追求物质需要的动机，还表现在他们热衷于在旅途中购置各种商品等方面。

其次，人们从事旅游的动机是追求心理需求、精神需求的满足。心理需求、精神需求是深层次的需求，它们是在人们满足了生理、物质需求之后所产生的新的需求。因而，社会越向前发展，旅游越是进入高级阶段，人们的旅游动机中追求心理需求和精神需求的成分就越多。

在心理需求、精神需求动机中，认知动机是引发旅游行为的最重要的动机。人生来便充满各种好奇心，充满了解与认识世界的愿望。为了开阔眼界，扩大自己的知识领域，便想走出家门，到外部世界去旅游。古人云："读万卷书，行万里路。"在书斋里读书万卷，是为了满足从理性上认识世界的需求。而行路万里去旅游，是为了满足从感性上认识世界的需求。人们为了了解地理、地质的概貌，就会像郦道元、徐霞客那样，去游览山川；为了了解某地、某民族的地方风土人情，就会学习民俗学家，到某地去进行风俗旅游；为了了解历史文化，就会像司马迁那样，到四方去寻古迹；为了了解宗教，就会去山间访古刹。在认知动机的推动下，各种专业、专题的旅游项目便会应运而生。在现代，为了学习外地、外国的先进经验，也可以采用旅游的方式，考察那里的一切。为了了解、认知社会，可以到工厂、农村、企业中去，通过旅游看看那里的真实情况。百闻不如一见，旅游对一个人的认知确实具有特殊的意义。

求美心理也是引发旅游的动机之一。所谓的求美心理，是指通过旅游寻求情感满足的心理。这是一种完全没有功利目的的心理。大多数旅游主体到大自然中去，并非为了学习地理、地质学等自然科学的知识，而是为了体味大自然的美好，去获取大自然给他们带来的愉悦和轻松等种种感觉。同样，多数旅游主体到有历史遗迹的地方，如中国的长城与兵马俑、埃及的金字塔等处去游览，并非为了了解历史，而是为了感受到历史的美与深邃。人们到异国他乡去旅游，绝大多数也并非为了研究那里的人文民俗，而是为了体验并获得奇特、新鲜的感受。许多人从事某一专题的旅游，如探险旅游、体育旅游等，也都是为了寻求精神的刺激，获得内心的情感的满足。

满足爱的需求是引发旅游的又一动机。男女的婚恋之游就是为了爱的旅游，它充满了欢乐与浪漫的色彩。在舒适轻松的环境氛围中，婚恋中的男女既享受旅游带来的各种乐趣，彼此之间又增进了了解，培养了感情。典型的旅行结婚就属于婚恋之游。以满足爱的需求作为旅游动机的还有全家老少、亲朋好友或同事的结伴旅游。通过旅游既获得了旅游带来的乐趣，又加深了亲情或友情。近年来，随着人民生活水平的提高，家庭的集体成员以旅游的方式来欢度传统节日的做法越来越盛行。这种旅游的动机正是为了满足全家团圆、享受天伦之乐的需要。

在引发旅游的诸动机中，生理、物质的动机和心理的动机并非单独存在于某个旅游者的身上，一个人去旅游，常常是两种动机并存的。同样，在心理诸动机中，也并非由一种心理动机在支配着旅游，一个人往往同时具备认知、求美、求爱等几种动机，只不过是一种动机占主要成分罢了。

**（三）旅游审美主题的规定**

1. 旅游审美主题的丰富性

旅游审美主题是指旅游者从自身的审美心理、旅游动机出发而确立的具体的旅游审美对象。一是旅游审美主题的丰富性，源于旅游主体审美心理、旅游动机的复杂性和多样性。前文所述，旅游主体的气质、性格多种多样，他们各自的经济条件、文化水平、经历、阅历千差万别。尤其是受特定时代环境的影响，人们的思想观念也在不断发生着变化。所以人们的审美心理、旅游动机便相应地复杂多变。在不同的审美心理、旅游动机的制约下，不同的旅游主体或者不同时期的旅游主体必然选择不同的旅游对象，确定不同的审美主题。二是旅游业的不断发展为旅游主体创造了更多的审美空间与审美对象，使旅游主体的审美主题更加丰富、更趋多样性。古代的旅游，人们的审美主题大多确立在自然山川方面，此外还有园林、寺院等少量的人文景观，旅游的审美主题比较单调。现代的旅游就大不相同了，可供旅游的项目花样不断增加和翻新，例如影视业的发展。在美国建起了迪士尼乐园这座童话的世界，随后这类乐园又移植到了欧洲和日本；在中国也建起了大观园、唐城和水浒城等用于拍摄影片，继而又为旅游主体的旅游提供观照影视情节或历史的审美主题。遍布世界各地利用现代技术建立起来的现代游乐场为旅游主体提供了品味乐趣、经历奇险的审美主题。我国北京、深圳等地的世纪公园、民族树等景观为旅游主体提供了无须走出国门即可周游世界、游览风景名胜的审美主题。

2. 旅游审美主题的分类

旅游审美主题的分类，可以从不同的角度进行划分。从审美主题所反映的对象与审美主体旅游者的关系角度划分，可以将主题归结为自然类、社会类和精神类三种。

（1）自然类审美主题

自然类审美主题是指以大自然和其中的各种自然物作为旅游和审美的对象，主要包括游览大自然的山水风光，对动物、植物、气候和地质等自然现象进行观照。自然万物是纷繁复杂、变化多端的。它能给旅游审美者层出不穷、永远率真而又新奇的美感，因而自然审美主题永远不会被人们遗忘。同时，自然万物又具有天然去雕饰的纯真美。这类美在现代人生活的环境中已经越来越少，所以它特别被现代人钟爱，是当代人旅游首选的审美主题。

（2）社会类审美主题

社会类审美主题即把社会文化作为旅游和审美的对象。它包括对风土人情的了解，对政治、经济生活现象的观察，对文化、艺术和科学的考察，对历史、考古的研究，以及与特定的人群交往等。社会类审美主题也是相对的。旅游者确立社会类的审美主题，主要是为了满足认知和发展社会的需要。

（3）精神类审美主题

精神类审美主题是把满足精神需要的某种特殊方式作为审美的对象。例如：选择可以使精神受到高度刺激的登山、河流、滑雪、蹦极等各类旅游；表达对宗教虔诚的朝圣旅行；等等。这类审美主题虽然也选择了某种具体或抽象的事物作为审美的对象，但旅游者审美的核心都不在事物或过程本身，而在于它们所反映出的境界以及所折射出的精神。

## 第三节 旅游文化的传播

### 一、旅游文化传播的内容

旅游文化传播的内容,取决于人们期望其能够对旅游的发展起到一个什么样的作用和价值。对于很多旅游文化景点来说,更多的是确立旅游地的文化特征,提升旅游地的知名度,积极促进当地旅游文化的发展,当然也免不了攫取到更多的经济利益,这是所有商业的必然初衷,旅游行业也不能免俗。而旅游行业并不像其他行业,拥有看得见、摸得着的产品,而是通过带领游客游览此地获得经济利益。因此,游客们的喜爱对于旅游行业的发展来说是至关重要的。所以在旅游文化传播的过程中,其方式应该是游客们喜闻乐见的内容和形式。

#### (一)体验式旅游文化

未来学家甘哈曼(Ganhamann)在《第四次浪潮》一书中,曾宣告第四次浪潮将是一个以"休闲者"为中心的特种服务性经济时代,现在来看确实如此。这个时代正逐渐成为一个日益引起关注、富有生机活力的体验式经济时代。而这种体验式经济也验证了甘哈曼的预言,人们开始注重提升自己心理生活的质量,为满足自己的心理愿望付出金钱。这不仅是享乐主义所引起的消费形式的变化,更是因为当前社会经济稳定发展,人们不仅愿意付钱,更有能力付钱。从旅游的本质上看,体验是旅游的核心属性之一,旅游的本质属性就在于差异化中的精神享受。因此,旅游产品的体验化是强化旅游者曼妙体验的重要途径[1]。在旅行中体验从未感受过的文化和风景,甚至是深入探究他们的文化起源和文明演化,这对于很多人来说就是旅行的意义。同时,旅游文化是旅游者和旅游经营者在旅游消费或经营的过程中所反映、创造出来的观念形态和外在表现的总和,是旅游客源地社会文化和旅游接待地社会文化通过旅游者这个特殊媒介相互碰撞作用的过程和结果[①]。它可以被塑造，也可以被传播，并且传播于人，服务于人，这是一个循环往复的过程。差异化的文化和环境作为体验载体和基质，它们在市场体验需求导向下可以加以组合、设计成各种活动体验产品。同样，基于旅游地旅游文化的传播，也是争夺旅游者有限注意力、启动旅游者消费需求的关键点。由此可见旅游文化传播对于旅游产业发展的重要性。因此，在进行旅游文化传播的过程中，这种体验式旅行形式和内容应该被放在首位。

### （二）旅游文化的探索形式

旅游也是一种拓展和转换生活空间、寻找自由和理想生活的特殊形式，而这种形式需要旅游地的文化来吸引。不论是休闲式的民风民俗旅游，还是探索风光景致的自然之旅，抑或是探访名胜古迹的文艺之旅，甚至是深入了解革命历程的朝圣之旅，都需要旅游文化的层层积淀。只有旅游文化足够吸引人，才能够吸引到更多的不同旅行需求的旅游者。而针对这些不同旅行需求的旅游者，也应采取不同的措施。当然更重要的是旅游地文化的传播要符合旅游地的文化特征，只有符合旅游地文化特征的文化传播形式和内容，才真正能够促进旅游产业积极发展。对于我国很多城市来说，自然、人文古迹、红色革命遗址、特色民俗民风等旅游资源，都会具备一二。我国作为拥有五千年文明历史的泱泱大国，我国很多省份和城市拥有的旅游文化资源都极为丰盛。在进行旅游文化传播时，这些旅游资源都应该体现在旅游文化传播的内容之中。

### （三）不同时段的旅游

旅游行业的发展和人的假期有极大关联。例如，近几年来的"十一黄金周""五一小长假"之类的假期，还有如中秋、端午等三天左右的假期，都成了人们出门旅行的重要时段。而这些时段之所以能够吸引众多的旅游者，是因为国家为工作中的人们和正在上学的学生提供了这样的假期。而正因为经济发展的平稳和迅速，人们有能力在假期中出行，才形成了这样的小长假出行模式。针对这些选在节日假期出行的旅行者们，旅游行业应在文化传播的内容中，更多体现这些特殊节日的特征。中国人注重情感，注重传统节日，因此这样的传播内容，才更能吸引旅行者。

### （四）不同时长的旅游

随着近些年高铁、动车线路的增加和速度的提升，以及各大飞机场的兴建，人们也开始选择在周末来一个短途旅行，或者是周边游。对于这种旅游者来说，他们所期望的旅游文化，一定是先考虑时效性的。因此，短途旅游和周边游的旅游文化传播形式与其他旅游文化传播形式多有不同。

## 二、旅游文化传播的方向

作为一种商业形式，旅游产业也在追求经济利益的最大化，提升旅游文化就意味着要不断将旅游地的文化进行归纳、整合、提升。根据我国丰富的旅游资源和文化特征，我们发现，大众旅游文化的传播正在向精品化、品牌化的方向发展。

### （一）精品化旅游文化的传播方向

精品化旅游得益于经济的发展。有关数据显示，我国的高收入人群正逐渐增多，人们更富裕，也就更注重在旅游过程中的享受。不论是更加高端精致的酒店，还是美味可口、新鲜诱人的特色美食，甚至是独具特色的民宿，都得到了当代旅游者的喜爱和推崇。说到底，是因为人们要在探索旅游地文化的过程中不忘享受，甚至是要在旅游的过程中放松自己的身心，因此这一类型的旅游者更加注重旅游过程中的舒适、享受与放松。精品化的旅游文化传播方向，也要在传播的过程中突出体现旅游的舒适性。当然，对于这部分人来说，以文化景点、自然景区历史遗迹为核心的配套餐饮、商购、文化娱乐、居住等相关产业也应配套完全，从而才能够为旅行者们提供更加方便的旅游体验。

### （二）品牌化旅游文化的传播方向

旅游产业的品牌化是我国旅游文化发展的必然趋势。从现在来看，"飞猪""携程"等旅游网站和平台的诞生、演化、发展，便是我国旅游文化逐渐品牌化的一种体现。这样做的好处是显而易见的，有了品牌，旅游者的心中更有安全感，就会对品牌产生信任感，有了这样的情感，品牌也将会越做越强。品牌化的旅游产业，也能更好地为旅游者提供服务和各项保障。这对于旅游品牌和旅游者来说好处多多。由此可见，旅游文化的传播，如果也向品牌化方向发展，那么旅游文化的传播也将更加具有说服力和整体性，这对于旅游地的文化传播将是有百利而无一害的。

### 三、旅游文化传播的主要形式

社会结构的变革和信息交流方式的变革，都会使信息交流与传播的速度得以提升。尤其是网络时代的到来，更是扩大了信息交流与传播的范围，同时也颠覆了以往信息传播和交流的形式。电视、广播、报纸等是传统的信息传播手段和形式，但现在随着网络和移动终端系统的迅速发展，崛起了很多新兴的信息传递平台，从而也兴起了新的信息传播媒介。这种现象促使每一个人都成了大众信息的发布者和传播者。这对于传播文化的发展和信息更快、更广地传递是非常有必要的。借助那些终日活跃在各个社交平台上的"自媒体"们，信息的传播速度不断加快。同时，当前信息大爆炸时代背景下，有价值的不仅仅是即时传递的信息，更是人们对信息的注意力。这种注意力，从传播学角度来说，就是指人们关注一个主题、一个事件、一种行为和多种信息的注意力。这种注意力，从传播学角度来说，就是指人们关注一个主题、一个事件、一种行为和多种信息的持久程度，这对于当前信息的传播来说是非常重要的，因为只有人对信息感兴趣，并且有传播的兴趣时，信息才会继续传播。旅游文化的传播也要借助这样的形式进行传播，才能够传播得更广、更快[①]。

### （一）以"自媒体"的形式传播旅游文化

在互联网和移动终端技术不断发展的今天，人们早就已经习惯了从网络中获得一天中大部分的信息，而这种信息的传播形式也催生了一种新的商业形式，即将旅游者转化为传播者，将旅游过程中的体验和感受，以图片或是文字、短视频等形式传播给其他潜在的旅游者，并促进这些潜在的旅游者成为真正的旅游者。这种借助"自媒体"力量的旅游文化传播方式，是付出经济利益最少，却收益最大的一种形式。因为现在的旅游，早就不是单纯地介绍景区的文化，而是更多地与游客进行互动，增强游客的旅游体验感。只有让游客们感到有趣，才会吸引更多的游客前来旅游地旅游，因为从某种意义上说，每个人都是"自媒体"。

### （二）以纸媒、电视媒体等传统方式传播旅游文化

几十年前曾是纸媒和电视媒体等媒介大力传播文化和信息的时代。当时，我们每一个人都是它的受众群体。作为文化与信息传播的主流媒体，旅游文化自然也是传播的一部分。在这种媒体上传播的旅游文化，一般情况下会对其信息进行筛选、加工、比较，从而形成对旅游目的地文化比较清晰的形象。因此，现在许多旅游景点和其所承载的旅游文化，都是通过电视、报纸、广播等媒体传播出去的。网络信息虽然铺天盖地，但仍为碎片文化，欠缺系统、深入的传播优势，更重要的是，各类网络信息充斥着人们的眼球，人们在选择信息时，难免理不清头绪。而这些传统媒体，不仅具有长期传播信息和文化的影响力，也更具有领导力，能够让潜在的旅游者产生信任感。尤其是电视作为声画合一的媒体，在介绍旅游文化时，仍站在"第一线"，让游客产生旅游欲望。

# 第二章　旅游客体文化

## 第一节　山岳旅游客体文化

### 一、山岳旅游客体类别

山岳旅游资源属于自然地貌景观,是内外地质营力共同作用的产物。我国地域辽阔,山岳旅游资源丰富,从地质学或资源学的角度来讲,山岳旅游资源经常是以其高度作为分类依据。而山岳旅游客体则是对旅游者具有吸引力,经过设计、开发、塑造,成为人们游览、欣赏的对象,具有经济效益、社会效益和环境效益的山岳旅游资源。山岳旅游客体是可以为旅游业所用的山岳旅游资源,依据旅游目的多属于休闲观光型山岳。这些山岳旅游客体遍布全国各地,是我国壮丽河山的典型代表。它们拥有奇特的形态、优美的风光和悠久的历史。总体看来,我国的山岳旅游客体主要有以下几类。

### (一)历史文化名山

此类山岳旅游客体的特点是历史价值和文化价值突出,与特定的历史朝代、历史事件、历史人物或历史传说相联系,比较有代表性的是我国历史上的三山五岳。传说中的三山因为是神仙居住的地方,格外受到古人的神往,名曰蓬莱、方丈、瀛洲。五岳也因其象征中华民族的高大形象而闻名天下,分别为山东的泰山、陕西的华山、湖南的衡山、河南的嵩山和山西的恒山。

1. 泰山

泰山位于山东省泰安市,是五岳之首,又称岱宗、东岳等,号称"天下第一山"。泰山位于山东省中部,自然景观以旭日东升、晚霞夕照、黄河金带、云海玉盘四大奇观最为出名。名胜古迹有岱庙、普照寺、王母池、五松亭、碧霞祠、玉皇顶等。泰山于1987年被列入世界自然文化遗产名录。

2. 华山

华山位于陕西省华阴市,是我国五岳中的西岳。华山之险位居五岳之首。华山北临渭河平原和黄河,南依秦岭,苍松翠柏,林木葱郁。华山山路奇险,景色秀丽,东、西、南、北、中五峰耸列,各具特色。著名的胜景有朝阳峰、莲花峰、落雁峰、玉女峰、青柯坪、千尺幢、群仙观、苍龙岭、金真崖等。

3. 衡山

衡山位于湖南省衡阳市。由于气候条件较好,处处是茂林修竹,终年翠绿,奇花异草,四时飘香,自然景色十分秀丽,因而又有"南岳独秀"的美称。南岳衡山七十二峰,层峦叠嶂,气势磅礴。著名的风景名胜有祝融峰、天柱峰、芙蓉峰、福严寺、藏经殿等。

4. 恒山

恒山位于山西省浑源县,与东岳泰山、西岳华山、南岳衡山、中岳嵩山并称为五岳,扬名国内外,素有"塞北第一名山"的美称。恒山山势雄伟,地势险要,怪石争奇,古树参天。著名的景点有朝殿、会仙府、九天宫、出云洞、悬空寺等。

5. 嵩山

嵩山位于河南省登封市,是五岳中的中岳,由太室、少室二山组成。嵩山山势挺拔,层峦叠嶂,名胜古迹众多,主要有中岳庙、嵩阳书院、嵩岳寺、嵩岳寺塔、少林寺等。嵩山历史文化底蕴较厚,是历代封建统治者祭祀的地方。

## （二）宗教名山

我国的宗教山岳旅游客体也很多，经历数百年的发展，形成了人们俗称的三十六洞天和七十二福地，这些名山通常供僧侣和信徒修行，其中最具影响力的就是四大道教名山和四大佛教名山。四大道教名山是湖北的武当山、安徽的齐云山、四川的青城山和江西的龙虎山。四大佛教名山是山西的五台山、四川的峨眉山、浙江的普陀山和安徽的九华山。

### 1. 武当山

武当山位于湖北省十堰市。绵亘800里，其自然风光，以雄为主，兼有险、奇、幽、秀等多重特色。方圆30平方千米之内有大小七十二峰，风景秀丽。武当山是中国著名的道教圣地，唐宋元明时期都有宫观建于此，留下了中国现存最完整、规模最大、等级最高的道教古建筑群。著名的胜景有天柱峰、上下十八盘、太和宫、净乐宫、南岩等。

### 2. 青城山

青城山位于四川省都江堰市。青城山为道教发源地之一，相传东汉张道陵曾在此修炼。全山树木葱郁，流泉飞瀑，清冷宜人，有"青城天下幽"的美誉。山中有多处胜景，道家宫观也令人目不暇接，如建福宫、天师洞、祖师殿、上清宫等。

### 3. 龙虎山

龙虎山位于江西省鹰潭市。龙虎山原名云锦山，是中国典型的丹霞地貌，景区有九十九峰、二十四岩、一百零八处自然和人文景观，二十多处神井丹池和流泉飞瀑。上清宫、天师府、龙虎山、仙水岩等景点都是龙虎山旅游观光的好去处。源远流长的道教文化、独具特色的碧水丹山构成了龙虎山独特的自然景观和人文景观。

#### 4. 齐云山

齐云山位于安徽省休宁县城西。齐云山景区内峰峦叠嶂，峭壁耸立，风景绮丽，变幻多姿。奇峰、怪岩、飞云、流泉应有尽有。作为中国四大道教名山之一，齐云山已有1200多年的道教传播历史，因此有许多遗留下来的道教遗迹。

#### 5. 峨眉山

峨眉山位于四川省峨眉山市西南部。有山峰相对如蛾眉，故得此名。峨眉山山势雄伟，隘谷深幽，飞瀑如帘，云海翻涌，林木葱茏，有"峨眉天下秀"之称。峨眉山上多佛教寺庙，有著名的报国寺、伏虎寺等，还有著名的清音阁、洪椿坪、洗象池等游览胜地。

#### 6. 五台山

五台山位于山西省东北部忻州市五台县境内。五台山由古老结晶岩构成，北部切割深峻，五峰耸立，峰顶平坦如台，故称五台。五台山海拔较高，气候凉爽，是消夏避暑的好地方，又被人们誉为"清凉圣境"。

#### 7. 普陀山

普陀山位于浙江省杭州湾以东。其作为佛教圣地，被誉为"南海圣境"，其中普济、法雨、慧济三大寺规模宏大，建筑考究，是中国清初寺庙建筑群的典范。普陀山集寺庙、海沙于一体，岛上奇花异木遍布，极为幽静。

#### 8. 九华山

九华山位于安徽省青阳县城西南。九华山气候宜人，环境优美，地理位置得天独厚，自然风光十分秀美。九华山以"香火甲天下""东南第一山"的美誉而闻名。九华山山峰众多，其中以天台峰、莲华峰、天柱峰、十王峰等最为雄伟。

### （三）风景名山

风景名山是指具有优美的自然景观、优越的山岳环境、奇特的山岳地貌和珍稀的动植物的山岳旅游客体。比较著名的有安徽的黄山、浙江的雁荡山等。

1. 黄山

黄山位于安徽省黄山市。方圆1200平方千米，号称"五百里黄山"。其中风景区面积有154平方千米，共有自然景点400余处，群峰耸立，峰峰相连，风景壮丽。黄山地处亚热带季风区内，云雾多、湿度大、降水多，生态资源丰富、完整、奇特，自然与人文景观俱佳。有著名的云海、温泉、奇松、怪石四绝。

2. 武夷山

武夷山位于福建省武夷山市。其自然风貌独树一帜，自古以来就有"碧水丹山""奇秀甲东南"之美誉，尤其以丹霞地貌著称。其独特魅力在于奇峰和清溪。主要景点有九曲溪、三花峰、流香阁、鹰嘴岩、水帘洞等。

**二、山岳旅游客体文化**

山岳旅游客体本属于自然造物，但经过人们长期的审视、品评和文化积淀，形成了具有特定文化内涵的山岳景观实体。山岳旅游客体的外在形态美经过人们长期的"人化"认同过程，如审美感受、诗词歌赋或是信仰崇拜等，被赋予了特定的含义和内蕴。山岳旅游客体文化，是指自然山岳客体本身及其相应的文化底蕴，经过人们长期的审视、品评、"人化"、认同、设计、利用，成为人们游览、观赏的对象，以及人们在山岳旅游客体游览历史过程中的文化积淀，所展现的以自然山岳为载体、以山岳文化为内涵的自然山岳旅游客体文化形态。山岳是文化的载体，文化是山岳的灵魂。旅游活动使得二者相互促进，不断升华，从而使一些文化扎根于山岳旅游客体当中。山岳旅游客体文化主要体现为：

**（一）审美文化**

审美是个人的主观感受，人们在欣赏山岳旅游客体的外在物质形态的同时，在不断地用个人的审美观念为山岳旅游客体贴上不同的标签。经过长期的塑造和文人墨客的创作，使得不同的山岳旅游客体有了不同形式的审美文化。遍布我国东西南北的山岳姿态万千，灵趣飞动，分别给人以不同的美感享受：黄山美在奇特，华山美在险峻，泰山美在雄壮，庐山美在清丽，青城美得幽静，雁荡美得秀媚……其类型真可谓丰富多彩。又如著名的五岳，由于地理褶皱和断层成因不同，因而形状各异，俗云"泰山如坐，华山如立，恒山如行，衡山如飞，嵩山如卧"，五岳所呈现的不同气势与形态，各具鲜明特征；其雄伟、险峻、透逸、秀丽、幽静、奇幻、舒展、朦胧或神秘，分别对应着"壮美""优美""含蓄美"等美学范畴，给予主体以自然与人生的和谐美感。

山岳审美体验的基础和核心是形式美。宏观的山岳美主要体现为"南秀北雄"，南方的山岳清秀、奇丽，而北方的山岳多雄壮、高大。而微观的山岳个体，又体现了自己独特的外在美。如泰山给人的是雄壮的气势美，有美丽的山上天街和仙山琼阁，而且泉瀑满山、松柏常青，春天繁花似锦、夏秋果实累累、寒冬松柏常青；华山展示的是陡峭的险峻美；黄山有独特的造型美，其风景奇美，气候宜人，生态完整，奇松巧石，玲珑剔透；峨眉山风光秀美，群峰巍峨，逶迤为黛，既有磅礴的气势，又有叠翠之秀幽。山岳的色彩也是审美体验不可忽略的一个重要方面。色彩的感觉是一般美感中最大众化的形式。色彩能有效地唤起人们的情感反应和审美联想。山野间五色斑斓，亭阁错落，层林尽染，最能令人心旷神怡。山岳的美要从不同角度、不同方面综合欣赏，才能发现其自然美的价值。

### （二）远古文化

中国的名山大川多文化悠久，多数曾为某一地区远古文化的代表。如泰山为东部地区远古文化的代表。大汶口文化和龙山文化都在泰山范围内，泰山脚下曾出土过大量商周时期的青铜器等，这些出土的文物可以反映泰山地区2000多年前的远古文化。早在6000年前的新石器时代，就有先民在华山脚下生息，华山脚下的横阵、龙窝遗址是典型的新石器时代遗址。苏秉琦在《谈"晋文化"考古》一文中说:"源于陕西关中西部的仰韶文化,约当距今6000年前分化出一个支系(宝鸡北首岭上层为代表),在华山脚下形成以成熟型的双唇小口尖底瓶与玫瑰花枝图案彩陶组合为基本特征,这是中华远古文化中以较发达的原始农业为基础的、最具中华民族文化特色的'火花'(花朵),其影响面最广、最为深远,大致波及中国远古时代所谓'中国'全境,从某种意义上讲,影响了当时中华历史的全过程。"[①]嵩山由于适宜的地理位置、规模和气候条件,孕育了周围发达的上古文明,以河南新郑为代表的裴李岗文化、以河南仰韶村为代表的仰韶文化、以山东章丘龙山镇的城子崖为代表的龙山文化、以河南偃师西南二里头村为代表的二里头文化等一系列原始文明相继在嵩山周边地区兴起、发展和繁荣。

**(三)书院文化**

嵩山是儒家文化极具影响力的地方,在国内名山中这种情况比较少见。儒家文化在漫长的岁月里,经历了四个阶段,即先秦原始儒学、西汉神化儒学、宋明理学、现代新儒学。嵩阳书院,位于嵩山南麓,它与当今河南商丘的"应天书院"、湖南的"岳麓书院"、江西庐山的"白鹿洞书院",并称为宋初四大书院。嵩阳书院是宋明理学教育中心之一,嵩阳书院、崇福宫是宋明理学创始人程颐、程颢等著名儒学大家活动过的地方。到嵩阳书院一游,就可以对儒家文化尤其是宋明理学有比较深切的认识。与观星台景区有关的周公,隐居于箕山的许由、巢父、伯益,虽然生活年代早在儒学诞生以前,但都是儒家尊崇的先贤,有关他们的记载和传说是儒家文化的一部分。衡山书院文化始于唐肃宗时,邺侯李泌之子李繁为随州刺史时,在南岳建南岳书院(现名邺侯书院)以作纪念,公元816—824年,这是我国历史上最早的书院。南岳书院数量众多,在全国居第一位。宋代胡安国父子在南岳书院讲学,形成有名的"湖湘学派",故南岳是"湖湘学派"的发源地。宋明"理学""心学"在这里也得到较大发展。

### (四)武术文化

山岳的武术文化也源远流长,武术的形成与发展都依托山岳,与山岳有着密不可分的关系。在武侠小说和影视剧中出现了许多武术流派,如天山派、峨眉派、华山派、武当派、少林派等,都让人们想到与之相关的山岳,这些小说和影视剧增加了山岳的知名度,让我们了解了武术流派的发源地及著名人物,也增加了旅游者了解山岳旅游客体的兴趣。例如,武当武术历史悠久,博大精深,元末明初武当道士张三丰集其大成,被尊为武当武术的开山祖师,他吸收了道教文化思想,创造了集武术与养身于一体的太极剑与太极拳。峨眉派武术历史沿革与少林和武当派有所区别,峨眉武术形成于峨眉山,故以峨眉而得名,流传于巴蜀,所形成的风格和特征非常相近相通,均以"峨眉派武术"相称,形成以峨眉派为主的一大地域性武术派系。嵩山少林寺也是少林武术的发源地,因为少林武术闻名于世,嵩山也为世人所熟知。

# 第二节 水体旅游客体文化

## 一、水体旅游客体类别

水是自然界分布最广泛的资源，不仅是人类生命和生活的重要物质条件，也是极具价值的旅游资源。水会为山带来灵气，会滋润生物，使景区秀丽。而水体由于水的形态、水的声音、水的色味不同，本身就可以形成不同的水体旅游资源。这些水体旅游资源由于对旅游者具有吸引力，经过设计、开发、塑造，成为人们游览、欣赏的对象，具有经济效益、社会效益和环境效益，便形成了水体旅游客体。根据水体旅游客体形成的原因及表现的形态，可以将其分为以下四类。

### （一）江河旅游客体

江河在形态上属于线状水体，通常是地表沿线形凹地运动的经常性或周期性的水流。这些江河通常都是人类文明的发源地，是古代的交通大动脉，两岸经济发达、历史悠久、人文景观较多，加上自身的清澈水质、自然风光，很多被开发利用，形成了著名的江河旅游客体。如素有"旅游黄金水道"之称的长江、华夏文明"母亲河"之称的黄河、南方最大河系的珠江以及世界上海拔最高的雅鲁藏布江等。

**1. 长江**

中国的第一长河——长江，全长约6300千米，在世界大河中，仅次于非洲的尼罗河和南美洲的亚马孙河，居世界第三位。长江从唐古拉山主峰——各拉丹冬雪山发源，干流流经青、藏、川、滇、渝、鄂、湘、皖、苏、沪等11个省（自治区、直辖市），支流延至甘、陕、黔、豫、浙、桂、闽、粤等8省（自治区）。长江水系庞大，浩荡的长江干流加上沿途700余条支流，汇集而成一片流经180余万平方千米的广大地区,占中国国土面积的 18.8%。

2. 黄河

黄河全长 5464 千米,为中国第二长河。黄河发源于青藏高原巴颜喀拉山北麓的约古宗列盆地,流经青海、四川、甘肃、宁夏、内蒙古、山西、陕西、河南、山东等 9 省(自治区),在山东省东营市垦利区注入渤海。黄河流域汇集了 40 多条主要支流和 1000 多条溪川,流域面积达 75 万平方千米。

3. 珠江

珠江是中国第三长河,全长 2320 千米,流域面积为 45.37 万平方千米,地跨云南、贵州、广西、广东、湖南、江西等 6 省(自治区)和香港、澳门特别行政区。珠江由西江、北江、东江和三角洲河网组成珠江水系,干支流河道呈扇形分布,形如密树枝状。

4. 淮河

淮河位于长江与黄河两条大河之间,是中国中部的一条重要河流,由淮河水系和沂沭泗两大水系组成,流域面积 26 万平方千米,干支密布在河南、安徽、江苏、山东 4 省。流域范围西起伏牛山,东临黄海,北屏黄河南堤和沂蒙山脉。淮河发源于河南与湖北交界处的桐柏山太白顶,自西向东,流经河南、安徽和江苏,干流全长约 1000 千米。

5. 海河

海河是中国华北地区最大水系。海河干流起自天津金钢桥附近的三岔河口,东至大沽口入渤海,其长度仅为 73 千米。但是,它却接纳了上游潮白、永定、大清、子牙、南运河五大支流和 300 多条较大支流,构成了华北最大的水系——海河水系。海河流域面积 31.8 万平方千米,地跨京、津、冀、晋、豫、鲁、辽、内蒙古等 8 省(自治区、直辖市)。

## （二）湖泊旅游客体

湖泊在形态上属于面状水体，是陆地表面洼地积水后形成的。湖泊不仅是人类生存与发展所必需的重要水源之一，也是兴农兴渔和水上交通的物质基础，也因其具有的形、影、声、色的自然形态，给大自然增添了和谐之美、绮丽风光，而成为必不可少的旅游资源。如中国第一大淡水湖鄱阳湖、第一大咸水湖青海湖、无数文人墨客赞不绝口的杭州西湖、号称"八百里洞庭"的洞庭湖等。

1. 鄱阳湖

鄱阳湖是我国第一大淡水湖，位于江西省，面积3960平方千米。鄱阳湖湖水茫茫，其中岛屿众多。夏季水天一色，帆影点点；冬季水落滩出，湖汊密布。草洲千里，生态旅游环境极佳。著名的旅游景观有长山群岛、东湖公园、天鹅湖、湿地公园等。

2. 洞庭湖

洞庭湖是我国第二大淡水湖。古称"云梦泽"，北连长江，南接湘江、资江等水系，号称"八百里洞庭"。整个湖泊浩瀚迂回，山峦突兀，湖外有湖，湖中有山。著名的"洞庭秋月""远浦归帆""平沙落雁""渔村夕照""江天暮雪"都是洞庭湖的美景。

3. 太湖

太湖位于江苏和浙江两省交界处、长江三角洲南部，是我国第三大淡水湖。太湖总面积2400多平方千米，周长390多千米，浩渺如海，风光如画。整个太湖中最大也最美的岛屿是洞庭西山。整个岛屿山峦起伏，美景倒映水中。

4. 杭州西湖

杭州西湖位于浙江省杭州市城西，南北长约3.3千米，东西宽约2.8千米，水面面积约6.3平方千米。自古以来，历代人文墨客都对西湖美景赞不绝口。最著名的美景当数清康熙皇帝题刻的"西湖十景",以及杭州市民评出的"新西湖十景"。

### (三)泉瀑旅游客体

泉水、瀑布在形态上属于点状水体,泉水是地下水的天然露头,瀑布则是从悬崖或陡坡上倾泻下来的水流。泉水因其不同的温度、矿化度、风光等形成了具有不同旅游功能的客体,如黑龙江五大连池的药泉、具有罕见蝴蝶会的大理蝴蝶泉,以及全国各地数不胜数的温泉等。瀑布则是以其奇特的倾泻形态而吸引游客,如雄伟壮观的黄果树瀑布、奔腾怒啸的壶口瀑布、跨中越边境的德天瀑布等。

1. 黄果树瀑布

黄果树瀑布,位于贵州省安顺市镇宁布依族苗族自治县,是珠江水系支流白水河九级瀑布群中规模最大的一级瀑布,因当地一种常见的植物"黄果树"而得名。白水河奔腾的河水自70多米高的悬崖绝壁上飞流直泻犀牛潭,响声震天。瀑布银流似从天而泻,水珠漫天飘洒,气势磅礴。以黄果树瀑布为核心,其上游和下游共形成了雄、奇、险、秀风格各异的瀑布18个。

2. 壶口瀑布

壶口瀑布是黄河上的著名瀑布,其奔腾汹涌的气势是中华民族精神的象征。壶口瀑布是中国第二大瀑布,也是世界上最大的黄色瀑布。黄河至此,两岸石壁峭立,河口收束狭如壶口,故名壶口瀑布。壶口瀑布浪涛激起的水雾烟云,随着高度的变化,其颜色会发生变化,在阳光照射下,光彩夺目,景色奇丽。

3. 吊水楼瀑布

吊水楼瀑布,又称镜泊湖瀑布,它位于黑龙江省宁安市西南部。瀑布幅宽约70余米,雨水量大时,幅宽达300余米,落差20米。它下边的水潭深60米,叫"黑龙潭"。每逢雨季或汛期,水声如雷,激流呼啸飞泻,水石相击,白流滔滔,水雾蒸腾出缤纷的彩虹。

**（四）海洋旅游客体**

海洋是世界上面积最大的水体，尽管面积巨大，但用来开发利用的海洋旅游资源只是其边缘部分。主要的海洋旅游客体就是海滨浴场。海滨浴场是海洋旅游客体中的重要部分，我国比较知名的海滨浴场有大连海滨、青岛海滨、亚龙湾海滨和北戴河海滨等。

1. 大连海滨

大连海滨位于辽东半岛南端，主要海滨浴场有棒槌岛浴场、夏家河子浴场、傅家庄海水浴场等[①]。著名景点有金石滩景区、星海公园、老虎滩公园等。

2. 青岛海滨

青岛海滨位于山东半岛东南部，环抱团岛湾、青岛湾、汇泉湾、太平湾、浮山湾5个海湾。海水浴场水底平坦、沙细柔软，有著名的第一海水浴场、石老人浴场等。

3. 亚龙湾海滨

亚龙湾海滨位于海南省三亚市东。这里三面环山，一面临水，形成了一个群峰拥抱的大海湾。海水波平如镜，风景如画，海水洁净透明，沙滩平缓宽阔，沙质细腻，沙粒洁白细软。

4. 北戴河海滨

北戴河海滨在河北省秦皇岛市区西南15千米处。它西起戴河口，东至鹰角石，东西长约10千米，南北宽约1.5千米，是一处天然海滨浴场。北戴河海滨海岸漫长曲折，滩面平缓，沙软潮平，海水清澈，是我国一处规模较大、风景优美、设施比较齐全的海滨避暑胜地。

## 二、水体旅游客体文化

自然水体资源面积广阔，资源丰富，许多水体资源的旅游价值也较高，目前已经开发利用的水体旅游客体也数不胜数，不仅因为水体资源自身的性质，也因为水体资源所蕴含的文化。水体旅游客体文化，是指自然水体客体本身及其相应的文化底蕴，经过人们长期的审视、品评、"人化"、认同、设计、利用，并成为人们游览、观赏的对象，以及人们在水体旅游客体游览历史过程中的文化积淀，所展现的以自然水体为载体、以水文化为内涵的自然水体旅游客体文化形态。水体旅游客体文化主要表现为：

### （一）审美文化

水体美也是人们对自然水域资源的外在形态长期观赏、体验、感受所认同的主观感受。

水体美是不同水体在一定条件下外在形态的展现，可以通过形状、色彩、声音等多方面体现。江河常常给人们的感受是奔流不息、江水永不休的雄壮美；湖泊更多呈现出微波荡漾、宛若平镜的广阔美；瀑布则给人以咆哮而下的气势美；而海洋却以它汹涌磅礴的浩瀚美征服世人。静态的湖泊、池塘给人幽静美；动态的流瀑、飞泉、小溪则给人以活力美。桂林漓江的水清澈碧透，泛舟之上，可一睹"群峰倒影山浮水""曲水长流花月妍"的妖娆美景。湖北神农溪"一里三湾，湾湾见滩"。大理蝴蝶泉风光秀丽，泉水清澈，水质淡美。武夷山九曲溪蜿蜒曲折，景色随溪变换。

水体美也体现在水体与主观欣赏者精神方面的和谐统一。庄子认为，审美主体只有做到"心斋""坐忘"，即心境的清明虚静、忘怀一切，才可能进入审美境界，进入那种与天地万物浑然一体的境界中，达到精神上的绝对自由。张孝祥的《念奴娇·过洞庭》展现了一个静谧、阔大的景象：时近中秋的洞庭湖风平浪静，纤尘无染，独荡一叶扁舟漂游在洁白、晶莹的水面上，月色柔曼，星河明亮，水天相映，一片空明澄澈。这"妙处"就是物我融通、"天人合一"后的光明莹洁、虚静清朗，一种精神绝对自由的至美之境[①]。徐霞客在游福建九鲤湖时就曾描述九鲤湖的风光丰富多彩，变化万千，使其目不能移、足不能前！也正是这种对大自然发乎心底的深情，使徐霞客一生与山水相伴，不倦地探寻山水美、品赏山水美，饱享唯美境界带给其精神上的快慰。这些审美文化是人们对于水体旅游客体的意境发掘和感受，是游客对于水体旅游客体最直观的体验。

**（二）崇拜文化**

古人对山岳有强烈的崇拜心理，而对水体同样有着浓厚的崇拜意识。人类对于水的崇拜，起源于人们对水的依赖或者是水带来了人们的期待，人们认为水也具有与人相同或者相似的思想和感情等。人类崇敬水，因为水是生命之源。一切生命体都是由于有了水才得以产生和发展的，水是生命之母，也是人类之母。最早的水体崇拜，在一些传统节日和生活习俗中，还可以找到它的遗存。如新疆北部维吾尔族的谒水节，藏族的沐浴节，德昂族的浇花节，湖南、江西交界处的万石山一带汉族的敬水节，水族的洗澡节，等等，把水称为甘泉、甘露、神水，或跪拜或焚香，或饮用或洗浴，表现出对水的虔敬崇拜之意[②]。此外，水体崇拜还表现在乞子、生育、婚仪等习俗中。水能使植物发芽、生长、结果实，这是原始人能经验到的现象。原始人又惯于把人与植物等视为同类。人与植物既然属于同类，水能使植物生长，也就能使人生育繁殖了，所以向水乞求生育就成为水崇拜的原始内涵之一。后世形形色色的乞子、婚仪等习俗还保留了这种原始内涵。云南永宁纳西族有喝水、洗浴的乞子习俗等。

许多水体都成为人们的崇拜对象,因为这些江河是滋养培育这些人的摇篮,所以成为人们心目中的圣水。例如,云南的水文化丰富多彩,当地很多少数民族都把湖泊、河流当作神灵加以崇敬。如泼水节最初反映了人们征服干旱、火灾的愿望,而后作为一种习流传下来。节日期间,人们把水看作是圣水,不分男女老少,互相泼水,洗旧迎新,象征幸福。如摩梭人将泸沽湖看作是母亲湖,泸沽湖水清澈透明,蓝如宝石,当地人认为是泸沽湖水养育了摩梭人。玛旁雍错是藏族人心目中的圣湖,藏民认为该圣湖是胜乐大尊赐给人类的甘露,以湖水洗身,不仅能清除肌肤的污垢,还可以清除人们心灵上的烦恼业障;而饮用湖水,不仅可以健身,还可以消除百病。纳木错也是西藏的圣湖之一,可以预卜凶吉祸福,被称作"天湖"。水崇拜还体现在丧葬习俗方面。如上至帝王、下至百姓,死后安葬都要考虑水的因素。不仅帝王陵墓考虑风水因素,一些少数民族葬俗选用水葬、船棺等形式,也体现了人们对水的崇拜。

### (三)祭祀文化

在远古时代,人们在洪水等自然灾害面前几乎无能为力,人们不得已祈求那些虚幻的水神,从而出现了水神祭祀文化。水祭祀有龙祭、禹祭、潮神祭、李冰祭、二郎神祭、许逊祭、屈原祭、妈祖祭、水鬼祭等多种样式[①]。例如,汉武帝时,黄河泛滥成灾,汉武帝曾亲自到决口处沉白马、玉璧祭祀黄河之神。汉宣帝、汉桓帝等都曾举行过隆重的祭祀淮神仪式。同样,居于湖泽附近的人多祭祀湖神;居于海滨的人多祭祀海神,以求保佑出海平安和满载而归。这些祭祀仪式通常比较隆重,要有正式的水神祭祀神位,要有由宰杀的牲畜制成的食物,以及酒水和水果等,有焚烧香纸、唱戏等活动。有时这种祭祀文化甚至一度达到劳民伤财的地步。如都江堰岁修之前,都要举行盛大的求神、祭祀活动,这不仅是纯粹的封建迷信活动，而且是地方官搜刮民财、中饱私囊的手段。宋、元之际就曾规定，开祭之时，每家每户都要贡献祭物，或宰猪，或杀羊，或献财物，由于劳动人民的强烈不满，曾惊动了朝廷，但屡禁不止。还有祭龙，人们就曾用大量的牲畜等沉河祭祀河神。黄河流域的先民崇拜河伯，卜辞中常见"潦于河"，祭祀时杀羊；又有"沉璧"陋习，即用年轻女子活祭。这种情况直到战国时期还存在[①]。

水祭祀文化还体现在古代先民用原生态的水祭祀神灵。先民最初是把天然的水放在水池中以供饮用，也用它祭祀鬼神。祭祀时原生态的水称为玄酒，摆放在离神位最靠近的位置，以示其尊贵。古代先民就用这种朴素的方式表达他们对神灵的敬意[②]。水是人类生活中最普通的一种物质，它对人类的生产和生活都产生了极其重要的影响。古代先民由水的重要性而衍生出来的对水的一系列相关风俗，凝聚着我国古代先民对水的认知和感受，也积淀着我们中华民族的智慧和博大精深的中华传统文化。

### （四）原始文化

江河湖海地区通常是人类较早生活的地方，孕育了我们伟大祖国的原始文化，形成了灿烂多彩的人类文明。例如，长江上游著名的巫山大溪文化、长江中游新石器时代的屈家岭文化、长江下游新石器时代的河姆渡文化反映了7000年前长江流域氏族的情况；太湖流域的良渚文化体现了距今5000年左右的太湖流域情况；三星堆文化则体现了古蜀文化；黄河流域的龙山文化展现了龙山时代的中原文化；黄河流域的半坡遗址展现了新石器时代的彩陶文化，是仰韶文化的代表；辽河流域的红山文化则是母系氏族全盛时期的彩陶文化；还有以黑陶为代表的太湖流域的良渚文化等都向人们再现了不同时期的原始文化。黄河是中华文明的摇篮，而中华文明的主体是汉民族，因此黄河即是汉民族文化的摇篮。汉民族主源炎黄集团和东夷集团在上古传说时代就活动在黄河流域。据我国古代传说，大约在四五千年以前，在黄河流域、长江流域居住着许多部落和部落联盟。黄帝、炎帝等华夏部落居于黄河上游和中游，太昊、少昊等东夷部落居于黄河下游。南方的长江中游是苗蛮部落的根据地[①]。山西汾河流域襄汾丁村、史村等20多个遗址，发现旧石器中期的人类化石和典型的文化遗物，称为"丁村人"和"丁村文化"。"丁村文化"与"汾河文化"有密切的关系。这些原始文化加深了水体旅游客体的文化底蕴，也是游客可以从中读到的精神文化。

**（五）养生文化**

水体中，温泉、矿泉、海水、湖泊均有康体、疗养的功效，因为它们含有许多有益人体健康的成分。其中许多矿物质、微量元素、负离子等具有较好的保健作用，例如可以调整血液循环、促进人体新陈代谢、提高免疫能力、治疗皮肤疾病、放松身心等，也由此催生了与水体相关的养生文化。这种养生文化可以追溯到远古时代，那时的人们便祭祀汤神以求祛病消灾，以至于后来出现了闻名遐迩的秦始皇的骊山汤、杨贵妃的海棠汤等，相当于现今的温泉养生，在古代主要为帝王养生。现代人对水体养生文化也尤其重视，使得水体旅游备受欢迎。例如，水体按摩可以明显改善肩背僵硬、腰酸腿疼的症状，泡温泉可以松弛神经、缓解压力、排除毒素、增强体质等。海水浴也有很好的保健养生的功效，例如调节神经系统、内分泌系统、免疫系统，有效改善失眠、腰腿痛、颈椎病等。

**（六）民族精神**

江河湖海是人类生命的起源地，也是人类文化的发源地。江河湖海浩瀚壮观、变幻多端、自由奔放、奥秘无穷，人类视江河湖海为力量与智慧的象征与载体。江河湖海包罗万象，人类在开发利用这些水体客体的社会实践过程中形成了丰富的精神成果和物质成果，如人们的认识、观念、思想、意识、心态，以及由此而生成的生活方式，包括经济结构、法规制度、衣食住行习俗和语言文学艺术等形态。如先民们把耕海作为获取生活资料的一个重要来源，以海为田，体现了中国古老的海洋农业文化；明朝初期郑和下西洋进行了大量的海外朝贡贸易、官方贸易和民间贸易，中国逐渐形成了宁波商帮、潮汕商帮和福建商帮等靠海起家的商贾团体，他们处变不惊，敢拼敢赢，勇于探险，善于开拓[①]，体现了中国古老的海洋商贸文化。江河湖海等水体客体中崇尚力量的品格，崇尚自由的天性，其强烈的个体自觉意识、强烈的竞争意识和开创意识，造就了人们开放性、外向性、兼容性、冒险性、神秘性、开拓性、原创性的性格品质和拼搏进取的民族精神。其体现了我们中华民族博大兼容、刚毅无畏、开放交流、开拓探索的精神。无论何时何地，这些水体客体都是我们民族的符号，是我们民族精神的象征。

在漫长历史进程中，中华民族创造和形成了极为光辉灿烂的水文化，其具有永恒价值性的精髓主要体现在：天人合一的和谐理念、以人为本的民生理念、得水为上的发展理念和上善若水的价值理念。这些理念形成一种水精神，构成水文化的核心价值体系的重要内容，也是水文化的灵魂。我们要继承和弘扬传统水文化的精神，充分挖掘水体旅游客体文化。

## 第三节 生物旅游客体文化

### 一、生物旅游客体类别

在地球表面,有各种各样的生物,包括植物、动物和微生物,这些生物生活在空中、地表和海洋等各个角落,是地球生物圈的必要组成部分,也与人类有着密切联系。这些生物有的具有观赏价值,有的具有研究价值,有的具有净化作用,也被人类作为旅游开发的对象。这些生物旅游资源由于对旅游者具有吸引力,经过设计、开发、塑造,成为人们游览、欣赏的对象,具有经济效益、社会效益和环境效益,便形成了生物旅游客体。

**(一)植物旅游客体**

植物旅游客体是自然界中对旅游者具有吸引力,可以为旅游业所利用,通过设计、开发等,能够产生效益的植物旅游资源。这类资源种类丰富、范围较广。中国植物资源丰富,分布在热带、亚热带、温带、寒带等大部分地区,有食用、药用、工业用、改造环境等多种用途,而且一些植物资源已经成为濒危物种。植物旅游客体不仅作为其他景观辅助资源而存在,也可以作为独立的旅游资源客体而开发利用。依据植物分布的面积、植物类别以及目前被开发利用的状态,植物旅游客体主要包括森林旅游客体、草原旅游客体和花卉旅游客体。

1. 森林旅游客体

我国的天然森林主要分布在东北的大、小兴安岭和长白山地区,西南的横断山区和藏东南地区,以及长江中下游的山地丘陵地区。森林是人类接触大自然的理想去处,为人们提供了安静舒适的环境,可以陶冶情操,有益于人们的身心健康,是适宜开展探险、猎奇、疗养、游乐活动的旅游资源。森林旅游客体比较著名的有张家界森林公园、西双版纳原始森林、千岛湖森林公园和蜀南竹海等。

2. 草原旅游客体

草原是在干旱、半干旱气候条件下，由旱生或半旱生的草本植物组成的植被类型。我国的草原遍布全国各省、自治区，主要分布于北方干旱区和青藏高原。我国的草原以温带、暖温带的高山草甸、草原为主，主要分布在内蒙古、新疆、青海、西藏等地区。草原旅游客体则是以内蒙古、青海、西藏地区的草原为主，如呼伦贝尔草原、鄂尔多斯草原、金银滩草原等。

3. 奇花异木旅游客体

各种古树名木和奇花异卉特点不同，种类繁多，也具有很高的旅游欣赏价值。我国有许多历史悠久的古树名木和奇花异卉，它们形态别致、朝气蓬勃，既能美化环境，又能寄托民族的思想。古树名木和奇花异卉旅游客体多以植物园、花博园或花卉节的形式展现。知名的有沈阳植物园、云南勐仑植物园、昆明国际花卉节、洛阳牡丹节以及中国花博会和地方花博会等。

**（二）动物旅游客体**

地球上的动物种类繁多，数量丰富，但作为主体旅游资源开发的并不多。动物旅游客体主要包括观赏动物和珍稀动物。珍稀动物多数在自己的生活环境中自然存在，作为已经开发的旅游客体的辅助资源而存在，如森林旅游客体中的珍稀动物大熊猫、金丝猴等，江河旅游客体中的江豚、娃娃鱼等，高原旅游客体中生活的白唇鹿、藏羚羊等。珍稀动物作为规模性的旅游客体开发的多数是自然保护区，规模性旅游客体开发的动物多为观赏动物，主要在各大动物园或表演馆内，方便游客对动物近距离观赏。

1. 观赏动物

观赏动物是因其体态、色彩、姿态、发声等方面独有的特征而吸引人们注意。

此类动物包括观形动物、观色动物、观态动物、听声动物等几类。

2. 珍稀动物

珍稀动物是具有较高价值、现存数量较少、极为珍贵的稀有动物。这些动物不仅深受人们喜爱，有的还被视为国宝。我国幅员辽阔，环境多样，拥有不少珍稀动物，许多动物都是世界性的珍稀物种，如我国国宝动物大熊猫、金丝猴、白鳍豚、白唇鹿等。

3. 表演动物

表演动物通常是在人工驯养条件下能够模仿人的动作或在人的指挥下做出某些技艺表演的动物。这些动物通过做可爱或可笑的动作来吸引游客，增加游客的观赏乐趣。

**二、生物旅游客体文化**

生物旅游客体文化，是指自然生物旅游客体本身及其相应的文化底蕴，经过人们长期的审视、品评、"人化"、认同、设计、利用，并成为人们游览、观赏的对象，以及人们在生物旅游客体游览过程中的文化积淀，所展现的以生物及其生活环境为载体、以生物文化为内涵的生物旅游客体文化形态。

**（一）审美文化**

生物的美主要体现在生物的色彩、形态、声音等方面。如茂密的树林，群山连绵，林木苍翠，绿树浓荫；一望无际的草原，微风吹过，犹如碧波荡漾，远远望去就像一片绿色的海洋。不同植物也会有不同姿态，在不同季节也会有不同色彩。珙桐被人们称为植物界"活化石"，其乳白色的大苞片像鸽子翅膀，不仅具有色彩美，而且具有姿态美。黄山的奇松，形态和气势各不相同，有的树冠扁平，飘逸多姿，有的刚劲挺拔，傲然直立。兰花终年常绿，花色淡雅，姿态端秀；梅花花小，多为白色、深红或粉红，在白雪的映衬下格外鲜艳。动物也因其体态、色彩等给人以美的享受。老虎体形高大,狮子毛色壮观,北极熊洁白无瑕,斑马黑白相间,猿猴动作灵巧,棕熊憨态可掬。鹦鹉善仿人言,八音鸟可发出八种声音,弹琴蛙的叫声似委婉动听的古琴声。正是人们长期以来根据这些生物的特点赋予了它们不同的审美特征,形成了审美共性,进而形成了相关的旅游客体。

### (二)植物文化

在中国传统文化的影响下,植物被赋予了丰富的精神内涵,凝聚了丰厚的民族文化,逐渐形成了具有民族特色的中国植物文化[①]。植物象征文化历史久远,运用广泛,不仅因为植物本身具有的特性,也因后人赋予这些植物特殊的寓意,所以很多植物都作为民族、国家、省市的代表。牡丹在中国传统意识中就是繁荣昌盛、幸福和平的象征,因其雍容华贵而成为我国的国花;玉兰花是上海的市花;黄山松是安徽的省树;芙蓉是成都的市花;月季是北京、天津、青岛、威海、大连等城市的市花;丁香是哈尔滨市的市花;玫瑰是沈阳的市花;等等。

植物因其自然特性不同,被赋予的文化象征意义也不同。松柏是长寿的象征;松、竹、梅是高贵品格的象征;百合是幸福美好的象征。松树象征长生不老,是千年古寿的形象代表。柏树在民俗中习惯用谐音"百",柿子谐音"事",橘子谐音"吉",这几种植物组合在一起寓意"百事大吉"。莲花常喻有君子风度,不流世俗。菊花是雅洁高尚、傲霜品格的象征。竹代表高风亮节,谐音"祝",寓意美好祝愿。大枣、花生、桂圆、栗子有家庭和美之意,是求子的吉祥物,几种植物组合在一起,寓意"早生贵子",也是植物象征在人们生活中最广泛的体现。月季花或四季花卉如梅、兰、荷、菊等插入瓶中寓意一年四季,月月幸福平安。荷花因其"出淤泥而不染"的生态特征被誉为"花之君子",它是唯一花、果、种子、根并存的植物,因此被佛、道二教视为圣洁之物,是智慧与清净的象征。桂花是有着古老历史的花木，被称为月中之树。关于它的神话传说不乏其数，如吴刚伐桂，后被打上科举文化的烙印，以"蟾宫折桂"借喻仕途得志，飞黄腾达①。梧桐招凤凰，被认为是圣雅之物。可见，中国植物文化象征都是人们对于美好生活的向往。

植物文化还表现为养生文化。人们走进森林或草原，领略大自然的风光，利用森林或草原调节身心的旅游活动，旅游者可以实现回归大自然，返璞归真，追求天人合一的境界，满足其精神上和心理上高层次的追求。

## （三）动物文化

动物文化是指某些动物本身具有的和与其有关的诸社会文化现象，这涉及众多文化领域，其综合效应渗透于人类社会生活的各个方面，动物文化是社会文化的重要组成部分②。人类早期的图腾崇拜就属于动物象征文化。中国远古时期众多的氏族集团各有自己的图腾，如黄帝族以熊为图腾，炎帝族以羊为图腾，太昊族以日为图腾，少昊族以挚鸟为图腾，颛顼族以瑞玉为图腾等③。商族的图腾是玄鸟，鄂伦春人、鄂温克人崇拜熊，匈奴、突厥崇拜狼图腾等。我们中华民族一直自称为"龙的传人"，衍生了龙文化，将龙作为尊贵、权力的象征，由此产生了龙图腾文化、龙祖根文化、龙皇权文化、龙祥瑞文化，也有许多相关的神话传说。更有代表的动物文化就是中国的十二生肖文化，直至现今在许多方面都影响着华夏子孙。

还有许多被赋予了美好意义的动物。如鸳鸯是祝福夫妻和谐幸福的最好的吉祥物。"鱼"与"余"谐音，所以鱼象征着富贵。"如鱼得水"用来描述工作和生活和谐美满、幸福、自在。古代白象为瑞兽，象字又兼有景象的含义，而古瓶寓太平，古代经常将白象、古瓶与手中各持福字、如意、莲花、笙等物件的童子们组合在一起，寓连年如意、富贵高升、太平有象之意。又如鹿与禄同音。禄，古代称官吏的薪给为俸禄，寓财富。蝠与福同音，取纳福、享福、受福之意。羊有吉祥之意，九羊，寓意吉祥如意之事，数不胜数，连绵不尽，如九阳启泰是中国传统吉祥图案以九只羊为主图。麒麟也是传说中的神兽，与龙、凤、龟合称为"四灵"，象征吉祥和瑞，古人常将麒麟与如意、男孩等结合，寓意麒麟送子、麒麟如意等。蜘蛛是一种预报喜事的动物，它从蛛网上沿着一根蜘蛛丝往下滑，表示"天降好运"。"喜鹊"是"鹊"的俗称，在古代，鹊曾被称为"神女"，它具有感知预兆的神异本领。动物象征不胜枚举，也是人们对于美好愿望的诉求。

## （四）崇拜文化

自然崇拜是人类在发展过程中形成的对大自然最初的认知和阐释，人类自然崇拜的内容很多，也很复杂。崇拜对象与他们最初所处的自然环境有密切联系，因此居住于原始森林环境下的人们对于树木也会有崇拜。许多树木崇拜都存于民间传说或民间故事里，如维吾尔族民间故事《神树母亲》中表现了维吾尔族把树看作是人类的母亲，认为树木非常神圣，呵护着民族的子女。蒙古族民间文学《树的儿子》也认为树是孩子的父母。在蒙古族民俗中，人们将一些高大粗壮、形状奇异的老树视为神树加以崇拜。而且北方一些民族为了祭祀祖先、敖包或山水，也专门挑选树枝或树干。除了植物崇拜，动物崇拜也很多。如傣族人崇拜野象、马鹿和孔雀。森林中的野象是西双版纳傣族的图腾崇拜物之一。在傣族人中广泛流传着许多关于象的神话传说。傣族人自认为是象的后裔，生活中处处有象崇拜的民俗。孔雀也是傣族民众心中的吉祥鸟，民间流传着许多关于孔雀的美丽动人的神话故事。当你进入西双版纳，你会看到村寨中、寺庙内、屋顶上、道路旁、公园里处处有栩栩如生的孔雀雕塑。节日里，傣族青年男女跳起优美动人的孔雀舞。满族崇拜鹰，在善于讲古的满族老人的口碑中，鹰是拯救其先祖女真人的神灵。在保留有野神祭的满族宗族中，鹰神为众动物神灵之首神。藏族是以牦牛为图腾崇拜物的。历史文献记载：当初天神之子聂赤赞普从天而降，"遂来做吐蕃的牦牛部之主宰"。藏族地区"甲戎人供牛头人身像，墙上用白石头嵌牛头，屋顶供奉牛头"。在藏族几千年的历史长河中，对牦牛的图腾崇拜不断发展和演化，形成了一种既古老而又现代的文化形式——牦牛文化。

## 第四节 天象气候旅游客体文化

### 一、天象气候旅游客体类别

天象与气候(以下简称"天象气候")旅游客体主要是指日月星辰及其相关变化引起的自然现象,我们平时能够观察和欣赏的天象气候现象有日食、月食、星辰、星象、蜃景、极光、云、雾、冰、雪等,有些天象气候的出现,需要有一定的条件,而且这些条件是人们无法左右的,也很难作为主体旅游资源进行开发。但是目前人们已经掌握了一些天象气候的规律,可以预测天象气候的出现时间,特别是一些天象气候资源只能作为一些旅游客体的附属资源而存在,无法作为主体旅游资源而存在,但也属于天象气候旅游客体。例如,在山岳旅游客体中可以欣赏到云海、日出、佛光等景观,在海面可以欣赏到日出、晚霞、蜃景等景观。但是有些天象气候资源可以作为主体旅游资源开发,成为天象气候旅游客体。如哈尔滨冰雪、吉林雾凇资源就是目前开发非常成功的气候旅游客体,人们不仅可以感受到气候现象,还可以参加利用这些气候资源设计的旅游活动,滑冰、滑雪、冰雕、雪雕、冰雪节、雾凇节等。此外,古人通过观测天象了解天文和时间的变化也留下了许多的天文台、天象馆等旅游客体,如北京的古观象台、登封市的测景台、洛阳的灵台等,可以让游客了解天象现象、天象奇观,可以模拟真实的天空环境和宇宙现象。

### 二、天象气候旅游客体文化

天象气候资源是自然的客观存在,本身并不具有文化内涵,但是由于先民对于天象气候现象的不解、困惑、崇拜等,给这些天象气候现象赋予了特定的文化。

天象气候旅游客体文化，是指天象气候旅游客体经过人们长期的审视、品评、"人化"、认同，设计、利用，并成为人们游览、观赏的对象，以及人们在天象气候旅游客体游览过程中的文化积淀，所形成的以天象气候为载体的文化形态。

（一）象征文化

自古以来，对于天象气候景观，人们一直存在着某种特别的文化意识，更多源于先民对于天象气候景观无法解释、不可预测，因而将这些天象气候现象赋予了特定的文化意义。例如佛光，人们认为积德行善、与佛有缘的人才可以看见，并不是所有去峨眉山的游客都能够看见，而且佛光被认为是救世之光、祥瑞之光，看到的人会得到佛祖的保佑。彗星则被认为是不吉利的象征，看到彗星的人会厄运连连。文曲星被认为是主管文运兴衰的星官，牛郎、织女星视为坚贞爱情的象征等。很多自然现象都被人们赋予了一定的象征意义。如白虹贯日是一种白色的长虹穿日而过的自然现象，古人却认为看到这种天象会有不祥的事情发生。夕阳黄昏多用来象征离别、凄凉、孤独；明月多象征思乡、团圆。蜃景是美好幸福的象征，日月并升奇观更是幸运的象征。陨石陨落也常被看作伟人逝去的象征。天象气候景观象征很多，有些甚至已经根深蒂固，影响很大。

（二）节气文化

中国人利用天象气候的变化形成了中国独特的历法——农历，也进而形成了指导农耕作业的二十四节气文化。2006年5月20日，"二十四节气"作为民俗项目经国务院批准列入第一批国家级非物质文化遗产名录。2016年11月30日，中国"二十四节气"被正式列入联合国教科文组织人类非物质文化遗产代表作名录。二十四节气是结合自然气候、星象、作物等特点命名的，是中国人通过观察太阳周年运动，认知一年中时令、气候、物候等方面变化规律所形成的知识体系和社会实践，对于现今人们的生活仍然有重要的指导意义，并留下许多脍炙人口的二十四节气歌谣、对联、农谚、民俗活动等。例如，关于节气的谚语有"一场秋雨一场寒""瑞雪兆丰年"等。例如，冬至俗称"冬节"，是中华民族的一个传统节日。古代冬至例行放假，《汉书》中说："冬至阳气起，君道长，故贺。"人们认为：过了冬至，白昼一天比一天长，阳气回升，是一个节气循环的开始，也是一个吉日，应该庆贺。明、清两代皇帝均有祭天大典，谓之"冬至郊天"，帝王在冬至日要祭祀天地。冬至也是普通百姓祭祀祖宗的日子，直到今天，民间还有"冬至大如年"的说法。古代夏至要祭祀土地神，祈求丰收，防止病虫害发生，或祭祀水神，祈求风调雨顺。

### （三）星占文化

美国有个汉学家说中国天文学起"法典"的作用，把天文学家当成了法律的解释人。比如看见日食出现，天文学家、星占学家就解释说，这发生在哪一个星宿，什么变了，皇帝应该怎么办。这套认为天地人是互相感应的自然观，是从董仲舒开始的。董仲舒认为皇帝受授命于天，体现天的统治权力。假如天象预警，皇帝不改，再预警，还不改，皇帝就代表不了天的意志，就要换人，改朝换代跟这一套联系起来，天文学参与了政治运作。这种引起政治运作的东西很多。与其他学科相比，天文学不是一门科学，而成了政治工具，为朝廷和帝王的政权提供合法的依据。古代星占学专以战争胜负、王朝盛衰、帝王安危等军国大事为占测对象。例如武王伐纣就是利用了7种天象条件全部满足从而被人们看成是胜利的原因。唐宋的政治中，每每斗争的非常时刻，总会有人从天象的角度来为事变的正常进行提供合理依据。如玄武门事变的发生与当时"太白经天"的出现有直接关系。"彗星三见"也曲折地反映了昭宗、哀帝与朱全忠之间激烈的政治斗争[①]。又如日食，古人认为此天象是上天对最高统治者的警告，对最高统治者不利等。

最典型的中国传统星占学天象政治理论形成了二十八星宿说。二十八星宿包括东方苍龙七宿、西方白虎七宿、南方朱雀七宿和北方玄武七宿，古人把每一方七宿联系起来想象成四种动物形象，叫作四象。二十八星宿则被认为是四方守护神，广泛应用于日常生活中，甚至作为婚姻、祭祀、丧葬等事情的征兆，多年来也被运用于黄道吉日的文化中，以至于后来出土了许多星象图、星占图都收藏于相关的博物馆，供后人了解其文化[②]。

## （四）神话传说

有些天象和星宿比较特殊，引起了人们的想象，许多与之有关的典故也应运而生。例如，中国传统神话中就有太阳女神羲和注视时日的循环，测定日月星辰的运行规律。古时人们不知道有月食这一天象，每当月食发生，人们都以为是天狗将月亮吞吃掉了，留下了天狗食月的典故。牛郎织女的动人爱情故事就是根据牛郎星和织女星创作的。影视作品中这种神话传说也广为流传。如《新白娘子传奇》中就将许仙的儿子许仕林神化为文曲星转世。在古代神话传说中，文曲星是主管文运和仕途的星宿，所以古代很多文章写得好而被朝廷录用为大官的人多被认为是文曲星下凡。《封神演义》中比干也被封为文曲星。《封神演义》与天象有着密切联系其中的神话传说更是不胜枚举。如北斗七星之一的天璇星，又称巨门星，在封神榜里的代表人物是姜子牙的妻子马千金，为是非之神。二十八星宿在封神榜里也都有相对应的星君。而且中国民间重视的福禄寿也有相应的福星、禄星、寿星神话故事,福禄寿三星深受民间大众的崇拜和喜爱,寄托着人们美好的愿望和祝福。

# 第三章　旅游文化的主体传播

## 第一节　旅游文化的人内传播

### 一、旅游文化人内传播概述

旅游文化的人内传播是旅游文化以个人为系统进行的传播，因此它只存在于旅游行为的主体中。旅游行为的主体主要有两种：一是旅游者，旅游者是旅游活动中的主动参与者，没有旅游者的活动，整个旅游行业就不存在，因此旅游者是串联整个旅游活动的核心；二是旅游经营者，旅游经营者也是旅游活动的参与者，其主要是为旅游行为的发生提供条件，是旅游活动的被动参与者，他要根据旅游者的需要来开展服务。

#### （一）旅游者作为主体的旅游文化人内传播

一般来说，旅游者的定义是：出于寻求愉悦的目的而前往异地并在该地做短暂停留的人。在这个关于旅游者的定义中，主要强调了三个方面的内容。

首先，旅游者的出行目的就是体验旅游愉悦。这种愉悦既有精神领域的审美愉悦，也有所谓的世俗愉悦。

其次，旅游愉悦是一个短暂的过程，这个愉悦是在和异地文化的交流中发生的，旅游者的愉悦和一般的娱乐是有区别的。

最后，旅游者的旅游决策一般是其个人的行为，有充分的自主权，可以决定旅游的时间、方式、目的地、消费水平等整个旅游过程中的行为。

根据旅游过程发生的前后，我们可以把旅游者分为潜在旅游者、旅游者、回归旅游者。旅游者在不同的阶段,有不同的目的,因此在不同阶段,旅游者的旅游文化人内传播也有不同的内容。当然,不同的旅游者有着不同的文化身份、不同的教育背景和不同的心理特征,因而同一个阶段的不同旅游者所关注的问题也会有所差异,但是,他们应该有一些基本的共同特征,本书在这里只分析这些具有普遍意义的问题。

1. 潜在旅游者

潜在旅游者人内传播的主要内容是是否外出旅游,去哪里旅游。前者涉及旅游者的旅游动机和需求问题,后者涉及旅游决策问题。旅游动机、旅游需求与旅游决策有比较密切的关系,但也有可能产生一定的差异。旅游动机与旅游需求都是用以解释旅游行为结构的概念,两者通常可以互换使用。

最初将旅游动机进行分类的是德国的格里克斯曼(Giucksmann),他在1935年发表的《一般旅游论》中分析了旅游的原因,将旅游行为的动机分为心理的、精神的、身体的和经济的动机。日本旅游研究的先驱者田中喜一把旅游者的心理动机细分为思乡心、交游心和信仰心,把精神的动机区分为知识的需要、见闻的需要和欢乐的需要,把身体的动机区分为治疗的需要、休养的需要和运动的需要,把经济的动机区分为购物的需要和商务的需要。

日本心理学家今井吾指出,现代旅游动机主要有以下几种类型:①消除紧张感的动机。包括变换环境,从繁杂的事务中解脱出来,接触自然。②自我完善的动机。包括对未来的向往,接触自然。③社会存在的动机。包括与朋友的交流,与家人的团聚。[①]

托马斯(Thomas)在1964年发表的《人们旅游的原因》一文中,就归纳了所谓的"18种重要的旅游动机",分别是[②]:教育和文化方面:①观察其他国家和人民的生活、工作与娱乐;②观赏特别的景致;③获得对新事物的更好理解；④参与特殊的事件。放松与愉悦方面：⑤离开日常的生活规程；⑥享受美好时光；⑦获得某些类型的邂逅与浪漫经历。族群遗产方面：⑧访问东道主社会的历史遗址，了解其家族的历史来源；⑨造访某人的家庭，或者是朋友已经访问过的家庭。其他方面：①气候因素；②健康因素；③体育运动；④经济原因；⑤冒险项目；⑥体验胜人一等的本领；⑦趋从原因；⑧参与历史；⑨了解世界。

这是托马斯在40多年前对旅游者的出游动机进行的分析，现代旅游发展到今天，旅游者的出游动机更加复杂和多样化了。

美国著名的旅游学教授罗伯特·麦金托什认为，通过分析旅游者的外在行为表现，可以将旅游动机归纳为四种基本类型[a]：①身体方面的动机：包括为了缓解身心压力，增进健康而进行的休息放松、健身锻炼、海滩消遣、户外娱乐，以及其他直接与保健有关的活动。此外，还包括遵从医嘱或建议做异地疗法、洗温泉浴等类似的医疗活动。这方面的动机，主要是通过开展与健身有关的活动来消除紧张。②文化方面的动机：为了满足了解和体验异国他乡文化事物的需要而产生的出游动机。包括了解和体验异地的历史、音乐、艺术、民俗、舞蹈、宗教等，这种出游动机的旅游行为通常被称为文化旅游。③社会交往方面的动机：为了满足自己进行社会交往，保持或建立与生活在他乡的人的接触和感情联系而产生的一种旅游动机类型。在形式上表现为去异国他乡探访亲友，或希望深入他乡接触民众、结识新朋友。④地位和声望方面的动机：这方面的动机主要从关心个人的成就出发，与个人的发展需要有关。这类旅游活动包括参加会议、考察研究，满足特殊兴趣、癖好以及参加某项专门训练等。旅游者期望通过这类旅游活动的开展，实现自己受人尊重、引人注意、被人赏识、获得好名声的愿望。

其实，严格地说，罗伯特·麦金托什归纳的后两类动机不完全是旅游者出于消遣和休闲的目的，有些活动带有部分的旅游性质，如探亲和会议旅游，探亲或

---

a 彭兆荣.旅游人类学［M］.北京：民族出版社，2004.

开会的时间不能算旅游活动，只有探亲或会议结束之后的外出参观游览等活动，才能算旅游。一些探亲活动虽有消遣的成分，但应该主要算探亲旅行。

潜在的旅游者在外出之前，根据自己的旅游动机要思考去何地旅游。尽管有些旅游动机是潜在的，没有被旅游者明确意识到，但在他们进行选择的时候也就是在进行非常频繁的人内传播，在这种传播过程中，旅游文化成为主要内容。如潜在旅游者有文化、教育或参观游览社会遗产方面动机的话，肯定要在"主我"与"客我"之间进行旅游文化的对话，通过现有的信息不断地进行评价、分析和判断等交互沟通之后，潜在的旅游者才能够决定是否转变为现实旅游者。潜在旅游者如果是有购物、身体以及商务方面的动机的话，在"主我"与"客我"之间也可能要涉及旅游文化的对话，因为若进行购物，就要分析备选目的地的商业文化是否适合；进行身体疗养，就要考察备选地的生态和其他民族风情文化。如果旅游文化丰富的话，该地成为目的地的概率要大得多。即便潜在旅游者具有商务方面的动机，也一样会考虑旅游文化。所以，旅游文化是潜在旅游者内在传播的主要内容。

2. 旅游者关于旅游文化的内在传播

经过前期的准备，旅游者把旅游变成了现实，开始在异质文化中展开旅行游览活动。

在此阶段，旅游者通过自己的感官来形成对旅游目的地旅游文化的直接感受，体验异质文化的神奇和美妙，从而达到消遣和休闲的目的。日本学者前田勇认为旅游者的一般心理和行为特征可以概括为"解放感与紧张感两种完全相反的心理状态的同时高涨"[①]。旅游者的解放感是指从平时的生活环境下解脱出来，随着旅游活动的进行所发生的心理变化。紧张感就是在旅游活动中，旅游者要不断与旅游目的地"未知"的异质文化发生碰撞、交流而产生的，也包括旅游者因对身处环境和活动节奏不适应所形成的心理状态，形成旅游中的文化震惊。

旅游者在参与和接受旅游目的地文化之前的"我"是"主我",参与和接受旅游文化之后的"我"是"客我",这两者由旅游目的地的旅游文化联系起来。主我包括旅游者文化身份、个人经验和知识阅历等,其对两者之间的交互作用效果的好坏有影响。旅游目的地文化与客源地文化差异越大,主我与客我两者之间的交互作用的效果就越明显。如果个人旅游经验丰富,见多识广,对旅游目的地的文化非常熟悉,那么在旅游者内心造成的刺激相对来说就要小得多,自我传播要少;相反,自我传播就要激烈得多、频繁得多。在这样的心理交互作用中,旅游者也不断获得轻松感。

3. 旅游者回归后的自我传播

旅游者经历了旅游过程后,回到原来居住的地方,此时旅游目的地对他的刺激已经结束。如果旅游过程很愉快的话,旅游者会对这次旅游非常怀念,会经常回味旅游过程,甚至形成文字,作为纪念,也可能把旅游文字或照片发表到大众媒介上,供他人欣赏,和他人一起分享旅游的快乐。如果旅游过程不愉快,遇到很多的麻烦,旅游者就会对旅游不满意,甚至非常后悔参加了旅游,有可能把自己的感受经过总结加工后向周边的人进行传播,甚至形成文字,发表在大众传播媒介上,产生一定的社会影响。

旅游者从旅游目的地归来后,对旅游地文化和自身所处的文化进行比较,形成了对自己所处文化身份的不同心理:如果本身所处文化比较先进,就可能产生优势心理;如果本身所处文化相对落后,旅游者可能产生自卑,甚至学习、模仿的心理,并付诸行动。这些都会引起社会文化的变化,使旅游不断产生后续影响。

(二)旅游经营者作为主体的旅游文化人内传播

现代旅游已经成为人类生活的一部分。人类活动的空间构成旅游的空间。在这个空间中,引起人类社会发展变化的因素也会影响旅游事业的发展。对旅游事业发展起到基础性作用的主要因素见表3-1。

旅游经营者应该包括旅游的基础设施建设和物质保障的有关部门。这些部门的构成很复杂，但是这些部门都是在寻求如何为旅游者服务，如何构建有特色的旅游文化，为旅游者提供满意的服务，所以，相对来说又比较单一。

表 3-1  对旅游事业的发展起基础性作用的主要因素

| 因素类别 | 维持和发展旅游事业的基础项目 | 有直接关系的方面 | 社会因素 |
| --- | --- | --- | --- |
| 基础建设 | 营造旅游氛围（环保、卫生、治安、市政、交通、商业、通讯、餐饮、住宿、文娱、体育） | 全社会参与 | 政治、经济、文化 |
| | 开发旅游景点 | 规划、设计、园林 | |
| | 旅游饭店设施 | 规划、设计、建筑、市政 | |
| 物质保障 | 旅游商品生产与流通 | 轻工业、纺织业、成衣制造业 | |
| | 酒店用品生产 | 轻工业、纺织业、成衣制造业、家具制造业 | |
| | 食品供应 | 食品加工、食品原料加工 | |
| 人力资源 | 教育与培训 | 专业教育、职业教育、企业内部培训 | |
| 资金投入 | 建设融资 | 金融、投资者 | |

## 二、旅游者的审美体验是旅游文化人内传播的重要形式

对美的追求是人类的精神生活追求，旅游行为能让人们接触和体验世界上形形色色的美的事物。因此，旅游是一项包罗万象的活动，也是集中将各种美的景观、体验揽于一身的行为过程。通过旅游获得的审美体验与感悟是其他任何社会活动都无法相比的，因此审美在旅游活动中的地位尤显重要。

审美是旅游者的主体性活动，是旅游者为了寻求一种特别的生命体验，暂时离开日常生活环境的流动生活经历，其实质是人真正自由的生命体验。旅游的审美，就是旅游者在旅游的过程中获得多姿多彩的审美体验，从而使自身更加丰富、完整。旅游的意义不具有功利性，不在于谋生而在于乐生。

在旅游活动中，人的生活内容得以丰富。旅游者设计和参与了众多的娱乐活动，并在这些娱乐活动中获得了愉悦。这种愉悦从最开始的感官体验发展到精神体验，也就是说从生理上的愉悦升华为精神上的愉悦，从日常愉悦上升为审美愉悦。

在国内，叶朗先生较早地提出"旅游，从本质上说，是一种审美活动。离开审美，还谈什么旅游……旅游活动就是审美活动"[①]。王柯平认为"旅游是一项集自然美、艺术美和社会生活美之大成的综合性审美实践活动"[②]。

旅游审美是旅游者的主体性活动，是主体与客体的直接对话，实际上也是主体在观赏客体的过程中，客体形成的刺激在主体内部的传播以及由此引起的反应。从这个层面来说，旅游中的审美实际上就是旅游文化通过旅游者进行的人内传播，两者是相同的过程。

**（一）旅游者审美的人内传播要素**

人的审美体验可分为悦耳悦目、悦心悦意和悦志悦神三个层次，这实际上也是旅游者在旅游活动中审美的三个层次。

旅游者的审美首先表现为旅游者在游览中获得悦耳悦目的感官享受。旅游者在旅游过程中观赏了旅游目的地的景观，觉得自然风景或秀丽或壮观或神奇、人文景观或奇特或精美，非常好看；听到美妙的声音，觉得非常好听。这种好看和好听首先刺激的是人的耳目，让耳目感到愉悦。当然，人的感觉还有嗅觉、肤觉、运动觉、平衡觉等。感觉是认识过程的初始，是知识的源泉。

旅游者在旅游过程中的体验有两种形式，一是世俗体验，一是审美体验。世俗体验是低级感官获得的世俗愉悦，只停留在当前的生理水平上，而通过视听感官获得的愉悦会进一步通过心理活动得到升华，成为旅游审美体验。

感觉只是对外在事物的个别属性的反映，人在感知外部事物的时候，不会只停留于对事物个别属性的认识，人要对所有的感觉进行集合，或在感觉的基础上对事物的分散属性进行综合，形成对事物的知觉。旅游者对旅游目的地的风景所蕴含的美，通过前面的视、听和其他感官感觉之后，形成对整个旅游景点的感知。旅游者所得到的知觉是他在旅游审美体验中一个非常重要的因素。旅游知觉阶段还是旅游者悦耳悦目比较高级、全面的阶段。

在感觉和知觉的基础上，旅游者要对观赏到的景点文化进行联想，使旅游审美体验进一步升华。联想是人的一种思维方式，也是人认识事物的一种方式，是人由当前所感知的事物而回忆起有关的另一事物，或由想起的一件事物而又连带想起另一件事物的心理活动。联想是形成事物的表象、对事物进行定位的基础。联想能使感知的事物形象更加鲜明、生动，也能够使感知的形象的内容更加丰富、深刻。旅游者在旅游中对观赏到的景观进行联想，是形成旅游审美的过程，也能加深对旅游审美的认识，从而达到审美的悦心悦意。

旅游者在旅游中获得比较高层次的悦心悦意是旅游审美中情感的介入。人除了认识活动外，在面对客观事物时还常常将这些事物与自己的需要建立起某种关系，并产生相应的心理反应。当然，在审美中产生的情感活动，是以审美对象的感知为基础的。在审美中，审美对象刺激旅游者的感官所引起的感觉、知觉本身就带有一定的情感因素，建立在这两者基础上的联想活动更进一步推进了情感的抒发。

在旅游审美中，认知是基础，旅游中所建立起的情感是关键，情感甚至可以背离认知的方向。

在旅游审美中存在着旅游者的"移情"现象，也就是说旅游者把自己的人格和感情投射到观赏对象中去。在移情的作用下，旅游者的情感和观赏对象融为一体，反映了人的审美体验不是来自景物本身具有的美的特征，而是人在观赏景物时把自己的情感投射到景物上所产生的审美感受。比如，旅游者到自己的家乡或曾经工作生活过的地方去旅游，虽然认识到该地方比较落后，人文环境也较差，但是因为他对家乡有着深深的感情，留有过去工作生活所留下的美好回忆，所以还是给该地较高的审美评价。正是因为旅游审美中的"移情"，对同一景观，不同的旅游者因为怀有不同的情感，会有不同的审美体验。

在旅游审美中还存在一种过程和要素，即理解，也就是旅游者对旅游景观所赋予的意义进行把握。旅游者的审美理解过程主要包括三个层面：一是旅游者能够从可消费的角度来理解旅游景观的意义；二是旅游者能理解旅游对象的象征意义、题材、典故、技法、技巧和程式；三是旅游者对旅游景点中象征符号所体验的意义产生情感上的共鸣、思想上的认同，甚至内化为自我思想和行动的过程。

第一层面的理解是对于不同于"实用"状态的"虚幻"状态的理解。旅游者在进行审美体验时能够把现实生活中的事件、情节和感情与审美对象中的事件、情节和感情区别开来，使自我对对象的认识达到似是而非的境界，能够把自己真实的生活和旅游中体验的生活区别开来，认识到旅游就是一种"游戏"的过程，这种游戏植根于真实性，但是不需要考虑真实生活中那些繁杂的事情。科恩（Cohen）认为，对于大多数旅游者来说，旅游其实是一种游戏[1]。比如，旅游者到海南黎族居住的景点旅游，景点会安排旅游者和黎族姑娘举行一种"结婚仪式"，这种活动就是一种游戏的过程，旅游者只需要体验结婚仪式中有趣的环节，不需要考虑现实中结婚仪式的一些非常烦琐的事情。旅游者如果不能理解这种"虚幻"的过程，就很难以一种轻松、愉快的心情去体验旅游的过程，获得旅游过程中的轻松愉悦感。也就是说，超功利性的旅游正是让人学会欣赏，学会在欣赏中丰富自己的意义世界，在欣赏中提高自己的精神境界，并逐步形成一种审美的人生态度。

第二层面的理解是旅游者对旅游对象中象征符号的意义的理解。旅游景点的景观以及所安排的民俗和体现地方风情的活动都有特别的意义，旅游者只有理解了这些意义，才能够达到旅游审美的效果。如一个在读幼儿园的小朋友和家人一起到历史文化古迹去旅游，他不能理解景点所展示的历史人物的思想和精神，对他来说这种旅游过程就是索然无味的，不存在旅游过程的审美。

第三层面体现了旅游者对旅游景点中象征符号所表现的意义产生情感上的共鸣、思想上的认同，甚至内化为自我思想和行动，这就是旅游者在旅游审美中的悦志悦神。旅游者陶醉于旅游中，享受心灵的自由和生命的欢乐，达到一种审美人生。德国浪漫派诗人荷尔德林（Hlderlin）说："人充满劳绩，但还诗意地栖居在大地上[①]。"旅游者通过思考，领会审美对象的内涵，很多人用它检视自己，从而对自己的人生有所思考，有所收获。

**（二）旅游文化在旅游审美中的意义**

文化也是旅游审美的基础，旅游者的文化身份是审美的前提。另一方面，旅游审美也是旅游文化的建构过程，人在旅游审美中来认识旅游景点的文化，并且根据自己的认识重构旅游文化。

*1. 旅游者是旅游文化审美的主体*

旅游者作为旅游文化主体，是一定文化的负载者，负载着一定的文化因子。人类生活在不同的自然环境条件中，由于自然环境条件在一定程度上限制着地域性文化的发展，决定着人们对生活方式的选择，这样就形成了不同的地域文化和民族文化，每一个生活在该地域的人都带有这些区域文化和民族文化的因子，这些文化因子通过他们的言行和对世界的认识表现出来。每一个旅游者都是用自己的区域文化和民族文化来观照旅游地的景观和现象的。

旅游审美客体的存在形态有三种：自然美、社会美和艺术美，这三种形态都与人类文化有密切的关系。

自然美是人以自然物为对象的审美。有人认为自然物存在与人类无关的美的形式要素（如美的形状、色彩、质地等）。但是从人对自然的认识来看，自然物的审美还是由人的主观意识决定的，经过人类审美的自然实际上是人化的自然。比如不同的山，不同的水，同样的山水在不同的季节，都有独特的外貌。人因为自身文化身份的不同以及情感的不同，在观赏中会产生不同的心理感受，从而赋予这些山水不同的思想情感内涵。齐康先生在《场所与审美》中说："人也是场所中的一个要素，一种动态、有感情的、能动的、交往的，内心的向往和追求成为生活有机组成的一部分，是人和自然交融的生态。"① 人对自然的审美感受是一次性的，审美只有和具体的人联系起来，大自然才有个性。否则很难说哪一座山峰更有神性，哪一片草原更辽阔，哪里的浪涛更澎湃，哪里的湖泊更宁静。当人以审美眼光观照大自然的时候，只要渗入一点点人类的理想或有关人的联想，人的审美感觉就大不一样。

社会美是存在于人类社会生活中的美，是由社会生活的多层次、多侧面和复杂的内容结构所决定的美的形态。它首先表现在人类改造自然和社会的实践过程中，其次表现在实践活动的产品中，而人本身所体现的美更是社会美的核心②。社会美体现了人把社会作为认识的对象，其存在形式是客观的，旅游者对旅游目的地社会文化的欣赏也是超越功利性的。"旅游者在时空的交汇中实现游乐的目的，在那种完全可以自己支配的闲暇时间里，置身于自己选择的旅游环境中，漫不经心地游观，自由自在地、尽情尽意地去体会一种全身心放松。"③ 艺术是人类对现实生活进行加工和提炼的结晶，绘画、雕塑、舞蹈、音乐、戏曲、诗歌是直接的艺术形式，园林、建筑、工程、器物、服饰是艺术的载体，艺术能够充分满足人类对艺术审美的需要。人对艺术的审美是以文化为出发点的，对人类文化进行检视和赏析，体现了人类艺术审美的文化特性。

审美行为的完成，必然是主体和客体双方共同作用的结果，旅游者的审美实际上是旅游者作为主体与审美对象相互沟通的过程，是主体心理参与的过程，因此旅游审美就是旅游者的心理投射。

## 2. 旅游审美是旅游文化的建构过程

旅游审美也是旅游文化的建构过程，人通过旅游审美来认识旅游景点的文化，并且根据自己的认识重构旅游文化。旅游文化是旅游现象的人化，而人都是有思想、有意识的，旅游文化就是通过旅游者的理解和认识不断建构起来的。福柯（Foucault）说："从自我不是被给予的观点出发，我想只有一种实际的结果，即我们必须将自己创造为艺术品。"[①] 福柯认为，人没有固定的本质，没有神、上帝、理念来规定人的本质。人是按照审美的规律建构自己的生活的。人本身就是艺术家，人生就是他所创造的艺术作品，生命的过程就是他的艺术生活。所以福柯不提倡去艺术殿堂欣赏艺术，而是希望每个人将自己的生命变为艺术。美化现在、享用现在，把现在当作转瞬即逝的、无比珍贵的礼物来热爱。旅游行为因其特殊的不同于日常生活的方式，其本身已经审美化了。在旅游过程中，可以把世界看作是一个审美现象，是一件自我创造的艺术品。

旅游者在旅游地游览自然景观时存在与审美对象"异质同构"的心理现象。旅游者在与景点的"异质同构"中形成了对景点符号的共同认识，建构了旅游景点的文化内涵。当然，不同的人针对相同的景点也会建构不同的心理认识，这些心理认识的共同点就汇集成了旅游景点文化。如旅游者到海南三亚天涯海角旅游，看到远方是茫茫无际的大海和高旷辽阔的蓝天，近处是古人流放到此留下的"天涯海角"的题字，油然而生的是行走在天之涯、海之角的感受。很多前人负载着这样的共同感受留下了题字和文章，抒发了天涯情结，形成了天涯文化。

旅游者对旅游地的社会文化和艺术文化的审美，就是旅游者与旅游地社会文化和艺术文化的创造者之间心灵上的沟通，旅游者通过对社会文化和艺术文化的理解和把握，来实现这些文化在旅游者心灵上的再现。

### 三、旅游文化震惊的人内传播过程与调适

旅游者对异域文化的体验最明显的是文化震惊,即旅游者因对他乡文化的不理解而大为震惊。文化震惊是指某人进入一种新文化环境时所经历的情感落差或创伤性经历[①]。很多跨文化交流的著作也称之为"文化冲击""文化休克"和"文化震荡"等,在论述旅游文化传播时我们称之为"旅游文化震惊"。

旅游者以客源地的文化身份旅游,其文化动机就是体验旅游目的地的文化,客源地的文化与目的地的文化落差越大,越能够激发旅游者的好奇心,对旅游者产生的吸引力越大,由此产生的文化震惊也越大。如20世纪60年代,美国总统约翰逊应邀访问泰国,泰国国家电视台对国王接见约翰逊总统的场景进行了现场报道,泰国观众从电视上看到这位瘦高的德克萨斯人高高地跷起一只脚,冲着国王指点着自己的鞋子在说着什么,这在泰国是非常不敬的举动,引起了很多泰国人的愤怒。谁知一波未平,一波又起,无礼举动所引起的尴尬尚未消除,约翰逊总统又给了皇后一个热烈的拥抱,而泰国的宗教传统要求谁都不可以碰皇后的金身玉体。这一拥抱引起了泰国人的更大愤怒,此事件最后经过外交渠道多次解释沟通才得以平息,未造成更大的危机。这就是泰国与美国的礼仪文化差异造成的。

文化震惊是旅游者所接受的文化与目的地的文化不一致造成的,这是外在因素。从旅游者的内在影响因素来看,有旅游者的性别、年龄、身心健康、社会地位以及性格特征等。从旅游者的心理来看,文化震惊表现为旅游者认知机制的变化,这种变化是由于旅游者的认知心理平衡被破坏导致的。

#### (一)旅游者产生文化震惊的心理机制

旅游者对现实世界有自己的认识和价值观,这是旅游者的文化背景,也是他们作为旅游主体作出心理反应的根据。这种认识和价值观与旅游目的地人们的认

识和价值观有根本的不同,这种不同就打破了旅游者的认知心理结构平衡。

对人的认知平衡的研究比较典型的心理学家是弗里茨·海德(Fritz Herder)。他在1958年所写的《平衡理论》中认为:人的认知结构是平衡的、和谐的,一旦出现不平衡、不和谐,就会产生一种紧张和恢复平衡的力量去改变这种状态,重新恢复认知系统的平衡状态[①]。海德还提出了体现这种思想的"P—O—X"模型,表示一种简单的交往关系。其中,P是认知主体,O是作为P的认知对象的另一个人,X则是与P、O有着某种关系的某种情境、事件、观念。"P—O—X"模型存在两种关系:单元关系和情感关系。人的认知对象之间,有的是分离的,有的则是由于存在接近、类似、相属等关系而结成一个整体,被人们所认知,这种联结成一体的认知对象,海德称之为单元关系。人对认知对象都有特定的情感与评价,如喜欢、讨厌、赞成、反对等,对认知对象的这种情感、评价被称为情感关系。海德认为人对认知单元内的两个对象一般是保持同一的态度,如对不喜欢的人的衣着也不喜欢;对认知对象的整体情感一般也是同一的。情感关系有正负之分,爱、喜欢、赞成、尊重、认可、崇拜为正向情感关系;恨、讨厌、反对、排斥为负向情感关系。

海德认为,个体的认知结构是否平衡,取决于情感关系是否一致。"P—O—X"模型中,P,O,X三者之间的关系可能是平衡的,也可能是不平衡的。

P与O对X的认知和情感处于平衡状态时有四种状况:

一是P与O的关系和谐,两者在情感上是认可的。

P赞成X,O也赞成X;

P反对X,O也反对X。

二是P与O的关系不和谐,两者在情感上是不认可的。

P赞成X,O反对X;

P反对X,O赞成X。

P 与 O 对 X 的认知和情感处于不平衡状态时有四种状况：

一是 P 与 O 的关系和谐，两者在情感上是认可的。

P 赞成 X，O 反对 X；

P 反对 X，O 赞成 X。

二是 P 与 O 的关系不和谐，两者在情感上是不认可的。

P 赞成 X，O 也赞成 X；

P 反对 X，O 也反对 X。

1957 年利昂·费斯廷格（Leon Festinger）在《认知失调理论》中提出了认知失调论[①]。与海德相比，他更加强调认知要素引起的矛盾冲突即失调或不协调。费斯廷格说过，如果用"协调"来代替"平衡"这个词，用"不协调"代替"不平衡"，那么海德的陈述和失调理论所讨论的是同一"过程"。当然，费斯廷格的失调理论和海德的认知平衡理论既有密切的关系，又有不同的侧重点。

费斯廷格所指的认知是一个相对比较宽泛的概念，是指认识体系的因素，即一个人意识到的一切有关环境、个人的任何认识，如事实、信念、意见、情感等。他认为人的认知因素是无穷尽的，各种认知因素间存在三种关系：协调、不协调、不相关。人总是想使不协调的认知协调起来，但是在实际生活中很难做到这一点。他认为，不协调有各种表现，如新近获得的认知与先前的认知，原先所抱的希望未实现，做出的决定还有某种遗憾等。

费斯廷格认为不协调存在程度上的差异，有的严重一些，有的轻一些，主要由两个因素决定：

其一，认知对个人的重要性。如果认知的对象与个人关系重要，不协调的程度就要高一些；如果认知对象对个人不重要，不协调的影响程度就要轻一些。

其二，不协调因素在全部认知中所占的比重。如果不协调认知在全部认知中所占的比例越大，不协调的程度就越高；反之，则相反。

费斯廷格认为，通常有三种途径来减少不协调：一是改变行为，使认知主体对行为的认知符合态度的认知。二是改变态度，使主体的态度符合他的行为。三是引进新的认知元素，使之与原有的认知成分保持一致，如寻找一种能够解释认知和行为的理由，像阿Q的精神胜利法。

海德的平衡理论和费斯廷格的失调理论，主要研究人的认知和人的行为态度的变化。我们把他们的研究引入旅游文化传播中的主要目的是从人的认知角度来观察旅游者在游览旅游对象过程中的心理变化。

旅游目的地的文化与旅游者所在客源地的文化差异性越大，旅游者的不平衡感会越严重，心理上的失调会越强烈，震惊程度也就越大。如果旅游目的地的文化对旅游者是非常重要的，或者两者密切程度很高，或旅游者对目的地的文化关注度很高，对两者的文化差异非常感兴趣，那么旅游者的心理震惊程度也会越大，反之就越小。用一个形象的公式表示就是：

旅游者的心理震惊＝文化差异性（客源地的旅游文化与目的地文化之间的差异）× 目的地文化对旅游者相关的程度（重要性、密切性、关注度等）

我们在研究中发现，旅游者在旅游中出现的心理不平衡或失调正是旅游目的地经营者所追求的，这种不平衡越明显，旅游者感受的心理压力越大，受到的刺激越大，震惊程度越高，留下的印象越深刻，目的地的旅游文化特色也就越鲜明，对旅游者的吸引力也就越大。当然，目的地的文化越鲜明，针对性也就越强，对旅游者的细分度会越高，也就会排斥一些对这种文化不感兴趣的旅游者。

学者们认为旅游者对异质文化产生的文化震惊，主要集中在两个阶段：①经历异质文化过程中的文化震惊；②经历异质文化回到自己文化群体之后的文化震惊。旅游者到异域旅游之后再回到本文化中后，还会经历一次文化震惊，其强度有时不亚于经历新的异质文化，即当旅游者在外地旅游完后，回到家乡吃惊地发现家乡的本土文化与自己所想的不一样。这种感觉被称为反向文化震惊。这种经历一般要持续一段时间，旅游者才能再次适应家乡的文化环境。一位世界和平组织的美国志愿援外人员回国后这样说道："当我回到俄亥俄的家乡后，我回到了自己的工作岗位上。晚上像从前一样与老朋友们在房前花园里聊天。但两个星期以后，我就不去花园那里了，他们并不关心我讲的秘鲁的印度人的问题，我也不关心他们所讲的克利夫兰印度人问题。"[①]

文化震惊和反向文化震惊都是旅游者心理平衡被破坏和认知失调的结果。寻求心理平衡和协调是每一个人心理的自然趋向，旅游者在这种心理压力下会寻求调适的方法。

**（二）旅游者文化震惊的调适**

文化震惊对旅游者可以产生两种作用，即正向作用和负向作用。正向作用是适度的文化震惊可以给旅游者带来心理上的期待，刺激他们的好奇心理，让他们对旅游过程产生兴趣。负向作用是文化震惊也可能带来跨文化交流的障碍，旅游者会产生一些心理上的障碍。瑞辛格（Reisinger）与特纳（Turner）指出：人们已经指出了文化休克的大量症状，如：紧张、源于脱离自己所熟悉的环境而产生的失落感、由于在新环境中不能应对自如而产生的无能为力的感觉、尴尬、屈辱、沮丧、被新环境中的成员所拒绝的感觉、对其本身的价值观与身份的迷茫、缺乏竞争力、挫折感、对东道主的消极情感、拒绝学习新的语言、烦躁增加、疲惫、挑剔、主动性降低，甚至对清洁状况的过度关注与担忧。詹特（Jandt）识别出了文化休克的两类症状。生理症状包括对健康与安全的紧张、惧怕与不同国家中的任何人有身体交往、渴望感、酗酒与吸毒、过度关注清洁状况、工作质量下降。心理症状则包括失眠、倦怠、孤立、孤独、方向感错乱、挫折感、对不同国家持批评态度、神经紧张、自我怀疑、易怒沮丧、气恼，以及情感与智力上的衰退[②]。有的旅游者到一个社会制度、文化背景完全不同的国家或地区去旅游，个人长期建立起来的信念和价值观根本不能适应新的环境，以至于发生了混乱，不知道该如何处理遇到的问题。一些人甚至丧失自己原本应有的原则，随波逐流。如一些政府官员到我国澳门地区旅游的时候，看到当地的赌博业很兴盛，看到别人赌了，自己也想去赌一把，最后还把赌博当成了一门爱好，不惜贪污受贿去参加赌博，最终走上犯罪的道路。

　　文化震惊中的正向作用，会激起旅游者的兴趣，进一步探索旅游文化产生的原因，从而能够理解旅游中所发现的文化差异。如拉美国家的人在平时的生活中有自己的一套时间观念，我国《环球时报》记者报道说："记者初到巴西时曾受邀参加一个朋友的婚礼，按照预定的时间，记者晚上8点准时到达婚礼现场，但看到整个大厅灯还黑着，一度怀疑找错了地方。直到夜里12点，新郎和新娘才姗姗来迟。事后朋友告知，不守时在多数拉美国家司空见惯。对参加晚上的聚会，人们一般要回家洗个澡换件衣服，甚至看会儿报纸，再吃几块小点心，才会不紧不慢地出门。拉美人的约会一般定在晚上8点，但往往10点以后才能开始。而且，据调查，巴西95%的人有迟到的习惯，上至政府官员下至平民百姓，无论婚礼、葬礼还是聚会，迟到被当作是理所当然的事情。秘鲁前总统托莱多就以迟到闻名，就连参加新总统加西亚的就职仪式时，他也迟到了。从出发地到国会只有四个街区，而他足足走了45分钟，一路上不停地跟支持者握手交谈，却让几十位外国领导人在国会干等。"拉美人对时间的观念和其他国家存在明显的差距，对记者的认知产生了强烈的冲击，打破了原来认知的平衡。记者后来了解到，当地人不觉得迟到是个缺点，反而认为是他们的性格使然，他们是为了不把休息时间搞得太紧张，保证休息质量，不影响身体健康，有身份的人迟到是为了显示自己的尊严和地位。

　　旅游文化震惊的负向作用破坏了旅游者旅游行为的本来目的。只有积极消除负向作用，或者把负向作用转化为正向作用，才能够让旅游者的旅游行为成为一个增长见识和阅历的非常有意义的过程。这就对旅游者、作为旅游中介的导游以及旅游目的地都提出了要求：

一是旅游者要不断调适自己，以适应目的地文化，否则文化交流无法进行下去，就会导致旅游文化传播过程的停止。一种文化就是一种适应自然和社会的一定能力和一种方式的表达。适应是文化的调解机制，也就是文化对总体环境的适应以及文化系统内部各因素间的相互适应。在旅游文化传播中，旅游者对异质文化的调适，就是旅游者通过对异质文化的学习达到协调，把文化震惊产生的负面影响变成正面影响。

为此，旅游者要端正自己的心态，注意克服心理障碍，把旅游当成是一种体验异域文化的过程，不要带有文化成见，充分理解异域文化存在的价值，尊重异域文化，既不因为异域经济、文化先进而产生自卑情绪，也不因为异域经济、文化落后而产生自傲情绪。同时，要充分学习文化交流技巧，提高自己跨文化交流的能力，保持自己文化心理的适度平衡，有效地适应异域文化，使旅游文化交流产生中的震惊转变为正向作用。

二是作为旅游中介的导游要善于引导和协助旅游者对文化震惊的负向作用进行调适。旅游者到达目的地后，首先接待旅游者的是导游。导游是连接旅游者和目的地的桥梁，是旅游者对目的地文化进行解码的工具，在旅游者理解目的地文化中起到了非常重要的作用。在旅游者对目的地的文化震惊产生负向作用时，导游要积极寻找旅游者携带的文化和目的地文化的共同点，消除两者的差异，避免旅游文化在传播中产生功能性障碍。同时，导游可以给旅游者传授一些文化交流技巧，使旅游者能够和目的地文化顺利沟通，进而消除旅游文化传播中的隔阂，最终把文化震惊的负向作用转变为正向作用。

三是目的地在接待旅游者时要做好本地旅游文化的解说工作，让旅游者充分了解目的地的文化，从而接受目的地的文化，两者能够在互相尊重的基础上相互交流、沟通。同时，旅游目的地在展示和推介自己的旅游文化时最好能根据旅游者的文化身份背景来进行，先尽量找到两者的共同点，再突出推介自己的旅游文化特色。这样既能让旅游者在目的地找到自己文化的影子，在旅游中文化心理落差不会太大，从而较容易地接受目的地旅游文化，又能产生适度的文化震惊作用，对避免旅游者文化震惊的负向作用有重要意义。

## 第二节　旅游文化的人际传播

### 一、旅游文化人际传播中的传播者

在旅游文化传播过程中，人际传播起着非常重要的作用。我们把旅游的过程划分为三个阶段，即旅游前、旅游中、旅游后，不同阶段的旅游文化的传播者是不相同的。

在开始旅游之前，旅游者尚未成为正式的旅游者，只是潜在的旅游者。旅游文化的人际传播主要表现为潜在旅游者要接受朋友、同事等对旅游目的地的介绍，还有旅行社或旅游目的地深入潜在旅游者居住地进行旅游景点和旅游文化推介，以及开展相关的旅游营销活动。在这一过程中，潜在旅游者只是受众，其朋友或同事等就是传播者，旅行社或旅游景点的推介者也是传播者。当然，旅行社旅游景点的旅游文化推介实际上是旅游产品的营销传播过程，对旅游者了解和初步认知旅游景点以及旅游景点形象的建立有重要意义。

旅游进行过程中，旅游文化的人际传播表现为旅游者直接和旅游中介以及目的地居民之间的交往。这是旅游文化人际传播最为明显的形式，也是我们研究的主要内容。在这一过程中，旅游者可以作为客源地文化的携带者，即作为"文化使者"到目的地进行文化的传播，旅游中介者和目的地居民就是受众。人际传播是一种平等的双向传播，在传播过程中，传播者和受众是可以相互转换的。所以，在旅游文化的交往中，旅游目的地的旅游中介和居民也是传播者，旅游者则成为受众。

旅游过程结束后，旅游者作为传播者，把旅游中体验过的旅游文化向周边人群传播，又担当着旅游目的地的"文化使者"的角色，传播着旅游目的地文化，形成目的地的"口碑"。

**（一）作为"文化交往使者"的旅游者**

在整个旅游交往过程中，旅游者作为旅游文化传播者，其作用主要体现在两个阶段：一是在旅游过程中，旅游者是作为客源地文化的代表与目的地人的交往沟通；二是旅游者完成旅游行程后回归居住地对旅游文化的传播。

1. 旅游者在旅游目的地的人际交往

在整个旅游活动中，旅游者在旅游目的地要与作为旅游中介的旅游服务人员、旅游目的地居民以及其他旅游者进行交往，传播客源地的文化。在这个过程中，主要以旅游者为中心。旅游者与旅游服务人员之间的人际交往是一种消费关系，对旅游者来说，实际上是消费旅游文化的过程；旅游者与目的地居民之间的交往是旅游者通过对目的地的访问实现的，目的在于探寻目的地的文化，但有时候会影响目的地居民的生活方式。这种交往由旅游者的性格和文化程度等因素决定，旅游者性格开朗、具有包容性、文化程度高，与目的地居民的交往就会比较多；相反，则比较少。旅游者与其他旅游者之间的交往属于"游伴"关系，这种交往经常发生在双方的邂逅中。

旅游者的出游动机不同，其目的也不同，旅游者和目的地人群的交往也会有所差别。罗伯特·麦金托什认为，旅游的动机可以分为身体健康动机、文化动机、交际动机、地位和声望动机四种类型[①]。一般来说，出于文化动机和交际动机的旅游者可能与目的地居民之间的交往比较频繁，希望获得社会地位和声望的旅游者一般与其他外来旅游者的交往比较多。

旅游中的人际传播随时都在发生，在旅游中，只要进入异域文化，不同文化背景的人们一经接触，无论他们是否愿意，无论他们是否注意到，他们的所有行为都是在进行旅游文化的交流，他们不断地通过穿戴打扮、举止表情和行为在接收和传递信息。

旅游者是客源地文化的负载者，负载着自己的文化在相异的文化空间的旅行和游览。有的旅游者来自经济文化相对发达的地区，相比经济文化发展水平较低的旅游目的地来说，旅游者所带来的文化呈相对强势，旅游目的地文化则呈相对弱势。两种不同态势的文化接触和交流时，强势文化势必对弱势文化产生更多的影响。作为强势文化代表的旅游者就在这种文化传播中起着"示范者"的作用，目的地居民则是文化的"模仿者"。旅游者的语言符号如言语，非语言符号包括表情、手势、服饰、仪表等，都可能对模仿者产生示范效应。示范效应可能对当地居民个体，也可能对当地居民群体产生影响。示范效应通过一个模仿过程使某一种或某些行为从微观转向宏观，从而被放大，形成一种社会意识，对目的地的文化产生影响。

来自不同地方，具有不同文化背景的旅游者因为目的地文化的吸引，而走到一起开展旅游活动。这些旅游者在生活习惯、思维方式、价值观念、行为方式上都打上了各自地域文化的烙印，他们汇集在一起有可能会发生交往，形成旅游文化人际传播。比如，我国东部沿海地区的旅游者和西部地区的旅游者，北方的旅游者和南方的旅游者，外国的旅游者和中国的旅游者等。这种文化之间的交往通过人际传播可能会带来彼此的模仿，特别是来自经济发达地区旅游者的行为方式会成为其他旅游者效仿的内容。

当然，旅游者并非简单的"搬运工"，他在传播文化的同时，还要在两种或多种文化的比较和熏陶中汲取优秀文化，创造出新的文化和审美成果，不断提高自身的文化修养，实现对真、善、美的认同。

2. 旅游者归来后的传播

旅游者从旅游目的地回来后，要根据自己对旅游目的地旅游文化的体验和了解向周围人群进行人际传播。罗伯特·麦金托什认为,许多人的旅游动机往往来自旅游者归来后的炫耀,而炫耀的内容本身即是一种有意的文化传播。旅游者的这种传播,是以旅游者的亲身经历作为传播内容的,因此传播形式更加生动、事例更加鲜活,因而更加吸引人,对周围人的影响更加明显。从这个意义上说,旅游者归来后的旅游文化传播或多或少是有意传播,通过传播建立了旅游目的地形象的"口碑",这种"口碑"可以增加客源地人们对旅游目的地文化的向往和了解,是其他潜在旅游者产生旅游动机的重要因素。

当然,旅游者也会根据自己的旅游经历,创造出游记、诗歌等,也许还会拿出在旅游地购买的纪念品或者拍摄的照片与他人一起欣赏,对旅游地的文化进行传播。

**(二)作为旅游文化传播者的旅游中介服务人员和目的地居民**

旅游者到旅游目的地旅游的过程中,首先要有旅游中介人员的接待和服务。由于职业原因,这些中介人员与来自世界各地的旅游者有着更多、更广泛的接触,较之其他的旅游目的地居民,他们往往对旅游者及旅游目的地的文化有着更多和更深入的认知与了解。因此,旅游中介人员是旅游者在旅游目的地接触到当地文化的最直接也是最惯常的途径,他们成了旅游者了解旅游目的地文化的窗口。在旅游者的旅游活动过程中,旅游中介人员担负着文化翻译的角色,把目的地的文化编码后传播给旅游者,为旅游者了解目的地文化提供帮助。旅游中介人员就是目的地旅游文化的传播者,而在这些中介服务人员中,和旅游者交往最密切的、互动最多的是导游。

导游服务是传播目的地文化的重要渠道,导游的沿途讲解,与游客的日常交谈,甚至一言一行都影响着旅游者,都在扩大着一个国家或地区的传统文化和现代文明的影响。导游在接待旅游者的过程中,一方面为来自世界各国、各民族的旅游者服务,通过正确的引导和生动精彩的讲解带给旅游者知识、乐趣和美的享受;另一方面,导游也在吸收来自四面八方的旅游者所携带和传播的文化。他们在吸收这些文化后，为目的地居民传播异质文化起到"舆论领袖"的作用，也"示范"了目的地文化的变革，从而使目的地文化得以更新。

当然，旅游者到达目的地之后，无论食、住、行、游、购、娱各个环节，都会不可避免地与当地居民发生直接、正面的接触。当地居民的文化身份以及他们的思想观念、价值观，都是目的地地域文化的代表，是传播目的地地域文化的重要媒介，旅游者希望通过和当地居民的接触和交往，了解当地独特的异质文化。而当地居民也把旅游者当作客源地文化的代表，对异域文化也存在着陌生感和神秘感，这样很容易激起当地居民的好奇心理，试图通过与旅游者的接触和交往了解异域文化。

当旅游者与旅游目的地居民双方在交往中没有外因的介入和物质的吸引时，双方之间的人际传播会更随意、更自由、更坦诚，因而也往往会进行更积极的交流和沟通，双方的文化交流与沟通会达到一个更深的层次，可以达到人际传播的理想状态。一些新的旅游方式，让旅游者有了更多的自由，他们和当地居民有了更加深入的接触和交往。如正在青年旅游者中兴起的"背包游"日益受到关注，读万卷书行万里路、培养自立精神、了解不同文化、丰富人生体验是他们在旅行中追求的目标。由于他们经常背着大包做徒步旅行，因此在国外被称为 backpacker 或 trekker hiker；他们通常比较节省，有时也被称为 budget traveler。他们很愿意选择背包旅行这种更自然、更环保的方式去亲近自然，可以和当地居民有较多的人际交往。又如正在都市人中兴起的"干农家活，吃农家饭，做农家人"的农家乐游，成为新的时尚休闲方式。现代都市人远离喧嚣和钢筋水泥丛林，到山林田园，去体验农村风俗风情。农家美丽的自然景观与淳朴的乡情民风水乳交融，游客漫步在田埂小径间，休憩于鸟语花丛中，既可垂钓，也可品尝乡村野味，还可以纺纱织布、喂养家兔、井中提水、采摘果蔬、土灶烹调。游客完全融入农家生活，享受田园乐趣，感受传统魅力。可见，亲近性和贴近性是旅游人际传播的特点之一。

### (三)人际传播中传者与受者的平等对话关系的建立

在旅游文化的人际传播过程中,传播者与接受者之间的关系,实际上就是旅游者和东道主之间进行文化交往时所建立的关系。双方在对话交流中,都把对方视为"他文化",相应的文化携带者是"他者"。"他者"其实是旅游人类学提出来的概念,丹尼逊·纳什(Dennison Nash)说:"旅游人类学的研究可以看作是与许多有意义的'他人'对话的结果。其中,在旅游过程中发挥各种作用的'他人'就是人类学研究的对象……'他人'在旅游人类学的主题研究中,即在旅游的过程中会扮演各种不同的角色。"[①] 旅游中的"他者",不仅是旅游者视野中的东道主,而且是在东道主人群的视野中的旅游者。

在这个关系结构中,"他者"有两个存在关系:①作为以"我"为中心的语言上的称谓习惯和原则。对于游客而言,其所观光的地方和当地人属于"他者"的范畴;同理,对于东道主而言,游客成了"他者"。②游客与东道主通过旅游活动建立了彼此不可分离的统一体,这个统一体所产生的新的结构关系便又成了另一种"他者"。[②] 第一种"他者"关系强调了人与人、人格与人格的不平等关系,第二种关系强调了游客与东道主之间融洽的互动关系。

旅游过程是文化传播的过程,旅游中的"他者"关系通过旅游文化的人际传播反映出来。旅游文化传播中,旅游者和东道主人群的传播关系存在两种形式:①双方以"我"为中心各自传播,把对方看成是"他者",没有平等的交流和有效的互动,缺少反馈,把信息的接受者当作"他者"传播;②双方有效沟通,平等交流,互动渠道流畅,在很多方面能够达成共识,产生共鸣,"他者"成为双方统一体所产生的新的结构关系,这是最为有效的人际传播。

### 二、旅游文化人际传播的符号

### (一)语言符号传播

语言符号是人类最基本的符号系统,是人类交际的重要工具。社会语言学家陈原说:"人类的社会生活是复杂的,为适应这种复杂局面的需要,人与人之间的交际工具也是多种多样的,但是在通常的场合,每日每时大量使用的交际工具是语言。"[1] 康德(Kant)在《实用人类学》中认为:"一切语言都是思想的标记,反之,思想标记的最优越的方式,就是运用语言这种最广泛的工具来了解自己和别人。"[2] 在所有符号中,口语符号是最基本的、最主要的符号体系,正是口语符号的存在,其他符号才成为意义的代码。

　　语言符号反映地域文化的价值观念和规范,是民族和区域文化的代表。人类在旅游过程中进行跨文化人际交流,肯定要借助于语言符号。因此,语言符号既是跨文化交流的工具,也是了解他乡文化的渠道。如在瑞典基律纳市的萨摩斯语中有500个单词是用来解释"雪"的,还有几千个表示"驯鹿"的单词,但却没有关于"计算机"的词语。例如,有段话这样描述雪:"驯鹿曾经在那儿打洞、进食,后来又离开的地方,因此没有必要再去那儿狩猎。"驯鹿是萨摩斯地区的主要出口产品,下雪则是基律纳地区最常见的天气现象。这些词语对萨摩斯文化意义重大,所以萨摩斯语中有许多词来表达它们。而计算机对于萨摩斯人没有丝毫用处,因此萨摩斯语中没有词来形容英语中那些再平常不过的词语,如计算机、打印机、硬盘、Windows2000或应用软件。语言符号也有可能成为双方顺畅交流的限制和约束,有时候甚至会造成跨文化交际上的失败。旅游已经成为全球化和大众化的事业,语言符号在文化交流中所起的作用越来越大。

　　文化对人际传播中语言符号的影响因素主要体现在以下几个方面:

　　1. 交谈与沉默

　　不同文化中,交谈和沉默的价值、作用根据文化的不同而不同。许多研究者指出:大多数美国人认为,谈话是一个重要的活动,他们以谈话为乐趣。与美国人相比，亚洲人较为沉默寡言，他们喜欢采用间接的表达方式传递所要表达的意义。如在印度，沉默就在文化中起到重要作用，印度人认为：自我实现、拯救、真理、智慧、和平和幸福，都是在沉思内省中即个体内部交流中获得。

在很多相同的情景和场合下，不同文化的人对交谈和沉默会有不同的选择。如一位芬兰教授到美国旅游，有一天早上他乘坐公共汽车时，邻座的一位美国女士问他是不是芬兰人，这位教授简洁地回答"是"后，便把脸转向窗外，表示不愿意交谈，可是这位美国女士却很兴奋地说："真棒！快给我讲讲芬兰有趣的事。"芬兰教授感到十分不自在，甚至有些生气。因为在芬兰，文化准则不鼓励人们在公共场合与陌生人交谈。

2. 自我披露与自我隐藏

自我披露指在某种程度上向他人泄露自己的个人情况；不向他人泄露自己的个人情况就是自我隐藏。自我披露的含义是"把自己知道的信息告诉他人的过程"。自我披露的过程被认为是"通过自我披露信息的传播过程"。谈话对象指的是接收谈话者信息的个人，可以是父母、朋友、熟人、陌生人等等。

文化类型和个人性格的不同影响到自我披露和自我隐藏的状况。近年来，不同文化自我披露方式的对比研究在跨文化传播领域逐渐时兴起来。日本学者中村西就提出，文化与传播之间的相互关系在不同文化情境下可能导致自我披露方式的不同。文化不仅决定了我们对现实的感知，而且设计了语言的模式。我们应该谈什么，在什么地方谈，怎么谈，都由文化规范着。文化必定会在人们的传播方式中显现出来。这样文化就相对地影响了自我披露。例如，卢因(Lewin)发现，德国人的自我披露少于美国人。乔拉德(Jourard)和拉萨科夫(Lasakow)发现，美国白人的自我披露明显高于黑人。巴思拉德(Barhlund)的研究也表明，在不同的话题上(如长相、性话题、财产问题和个人特点)和对不同的谈话对象，美国人大致比日本人会透露出更多的信息①。

3. 语言的直接性和间接性

语言使用的直接程度反映了文化价值的深层结构。北美洲人的语言很少有所保留，特别是美国人，其语言特征是坦率、诚实、清晰和随意。美国人都极力避免模棱两可，喜欢直接点出主题。而大多数文化的语言都会顾及别人的尊严、感情以及面子，风格比美国人含蓄。持这些文化的人通常将美国人的坦诚、直接视为没有礼貌甚至不文明。

美国著名交流学家爱德华·霍尔（Edward Hall）把交流行为分为"高情景"和"低情景"两种模式。他指出：高情景（hight-context）传播或信息指绝大部分信息或存在于物质语境中，或内化在个人身上，极少体现在清晰的编码信息中。而低情景（low-context）传播正相反，即大部分信息清晰地表现为编码信息，是通过清晰的语言符号表达出来的一种交流模式②。

在高情景文化中，一个信号的大部分信息都蕴藏于情景和或内化于个人之中。因此，可以说来自高情景文化的人比来自低情景文化的人在与陌生人交谈时更为谨慎。也就是说，在与陌生人初次交往时，他不会有很多非语言行为。

非洲的语言把含蓄和模棱两可作为一种艺术，其首要的表现是不精确。理查蒙德（Richmond）说："非洲人说话随心所欲、滔滔不绝、毫不犹豫，但是他们的用词和数字往往都不精确；每一次人际互动都变成一场关于如何建立双方关系的讨论。西方人应该心平气和地询问细节，直到全部理解为止。"③

西方文化相对突出个体，把个体的利益、尊严放在集体之上；而东方文化相对突出集体，集体大于个体，所以在东方人际交往中很注意人与人情感的交流以及人际关系的和谐。在我国，语言交流中更注重交流中的感情，而较少注重语言符号的意义。根据杨（Yang）的说法，保持社会和谐对中国人来说是主要任务。中国人发展了各式各样的言语策略，像通过恭维、问候、礼节等来维护社会和谐、良好的人际关系。把注意力集中在社会和谐上，也可以解释为什么中国人当着别人的面总爱说好话。中国人对关系很敏感，不管是向他人讲真话，还是支持、帮助他人，都倾向于要看本人与他是否有关系。俗话说"见人只讲三分话，切莫轻掏一片心"，指的就是关系的深度。关系越深的人，话讲得就越深；关系越淡，话讲得就越淡，只能讲些无关紧要的，像问候的话。所以，在中国，人际交往更多地使用间接语言，这种间接的表达有助于为对方留下情面，有助于维持社会的和谐。处于高情景文化中的社会成员希望他们的交流对象能够听懂言外之意。如一个美国旅游者到中国旅游，入住了一家酒店，酒店服务很周到、热情，旅游者感到很满意，连声称赞酒店管理很好、服务到位，酒店的经理听到后马上说："不，不，很抱歉还有很多不周到的地方，请您包涵！"美国旅游者一下子愣住了，还以为自己说话不得体伤害了经理，因为在美国，酒店经理一般会回答："哦，我很高兴你喜欢这里，我们很愿意为你服务。"所以文化的差异导致了语言交流中的困难。

**（二）非语言符号传播**

非语言符号是指语言之外的其他所有传播信息的符号，萨丕尔把非语言符号称为"一种不见诸文字、无人知晓但大家全都理解的微妙代码"[①]。

1. 非语言符号的特点

（1）非语言符号的广泛存在性

非语言是随时通过人体传播的，人体是非语言符号的发射器，有65%的信息是由非语言符号传递的。

（2）非语言符号的无意识性

语言符号传播是有意识的，但有很多非语言符号在传播中是无意识的，正如有学者说的"我们不完全知道自己给他人的信息是什么，有时候我们不知道自己的非语言行为表示什么意义"。有时自己还想对某种想法和情绪进行掩盖,但非语言符号却无意识地、偷偷地向外界泄露了这个秘密,透露了个体内心世界的活动。非语言符号透露的信息比语言符号所传递的信息要多,能够反映一个人的真实情况和思想。

(3)非语言符号的多义性

非语言符号没有特定的意义。在不同环境、不同文化、不同情形下,同一非语言符号有不同的意义。如大多数民族以摇头表示否定,点头表示肯定,而匈牙利人和保加利亚人用摇头表示"是",用点头表示"不是"。斯里兰卡人摇头则可以既表示肯定又表示否定,只是摇头的方式不一样:表示肯定时,一般是微微摇头;表示否定时,则使劲地摇头。将手朝下一挥,在阿根廷、委内瑞拉的意思是"嘿!好样的";在秘鲁的意思是"哎呀,我弄错了";在智利的意思是"瞧,出什么事啦?"即使是在同一文化环境里,具体的非语言符号在不同情形和不同的对话关系中,也会有不同的意义。

2. 非语言符号的分类

非语言符号主要有三类:

(1)体态语

体态语又称为身体语言。人体的各个部位以及肌肉动作、器官运动、交际的时空距离、服饰等,都受到人的性格、交流环境和一定地域文化的影响,都可以表达感情、态度。

①包括手势、面部表情、眼神、姿态等身体动作的体态语。

在同一个民族区域内,不同的地方在身体语言符号方面存在一定差异。例如:在我国大部分地区,客人接受主人的敬茶,通常躬身,双手接茶,以示谢意;而在福建、广东、广西,客人则用右手食指弯曲点触桌面,像叩头一样,表示谢意。

不同的国家、民族之间在体态语方面也存在差别。如:中国人常以跷起大拇指表示"夸奖",竖起小指表示"轻蔑";但在日本,竖起大拇指表示"老爷子",竖起小指则表示"情人";在英国,竖起大拇指表示要搭乘别人的车。双手举起,掌心向外,这一手势在英国表示请听众安静,在希腊则是一种侮辱性的行为。中国人见面时多以握手致礼,而英美诸国的人们见面时多拥抱和接吻。在美国,人们以双手向自己身体方向挥动来招呼别人,而有些岛国居民则以双手向外摆动来表示招呼别人。捏拽耳垂在北美只不过是挠痒而已;在南斯拉夫,这一举动则表示对女人气的柔弱行为的蔑视;在土耳其则表示对恶意目光的"回敬";希腊人却以此表示戒备;苏格兰人以此表示"不相信";马耳他人则以此指告密者。

②时间与空间:时间和空间也能构成传播符号。时间是指传播双方对时间的处理方式和特点,不同的方式和特点传递不同的信息;空间是指传播双方的位置关系。不同的文化有不同的"文化钟",在各自文化中有各自遵守的标准时间。交际空间距离可以用来表现交际双方之间的关系和交际态度。恋人在非正式场合以贴近距离或接触方式交谈表明他们之间的亲密关系和友好态度,演说者和听众之间的较大距离则表明他们之间的陌生关系和演说者的郑重态度。影响空间距离的因素通常是双方的关系、场合以及内容的正式程度。同时,在人际交往中,交流对象之间的空间距离也因文化背景的不同而有差异。不同文化背景的人与熟人和陌生人之间的交际距离是不一致的。欧洲人、中国人、美国人在交际时保持适当的距离,而拉美国家的居民则以非常贴近身体的距离进行交际,甚至陌生人之间也是相当靠近的。

③触摸:触摸也是一种传播手段,具有交流的功能。触摸动作受到文化的制约,在何种情况下、触摸哪个部位、触摸力度如何都有文化规范。如在美国,与人握手时要有力;在非洲一些国家,人们之间握手几乎不接触;在印度,公共场合很少有人握手,即使有,握手也是很轻的;摩洛哥人和对方握手时要亲吻对方的手;土耳其人在讲价时要握手,直到达成交易才放开。在我国的一些民族中,摸顶动作有不同的意义,如藏族的摸顶,也称灌顶,是藏传佛教大喇嘛用手摸僧俗大众

的头顶，是能给善男信女们带来福气的一种仪式，表示吉祥如意；而在彝族，一般是长辈用手抚摩小辈的头顶，表示亲昵与关怀。

④服饰：通过一个人的穿着打扮，可以看出他的身份地位、文化修养、气质爱好，也能够看出他的心情。在我国传统文化中，"以貌取人"被看作是一种浅薄、庸俗的势利行为。但是，从符号解读的角度来看，是有一定道理的。"貌"不仅包括容貌，还包括服饰。服饰可以传递一些个人信息，特别在对一个人还不了解的情况下，通过他的服饰可以了解一定的信息。

与服饰相搭配的香水也能够传递一些个人信息，也是一种传播符号。其他一些饰物如徽章、眼镜、戒指等都可以传递信息，成为个人的符号。如到一些非洲民族地区旅游，旅游者肯定会发现很多当地人佩戴一些特别的饰物，如象牙、大耳环等，这些都与当地文化有密切的关系。

（2）副语言

包括人在讲话时伴随言语所产生的一些语音现象，如发出声音的音量、音调、重音、口音、讲话速度等。副语言往往携带重要的信息，辅助语言的表达。一些人的发音习惯还同他的身份、性格有密切的关系，如一个单位的领导在公开讲话中的语调和平时交谈中的语调肯定不同，这是由他的身份决定的。

文化也往往决定人的发音习惯，如阿拉伯国家男人讲话声音很高，是为了表示真诚；泰国人讲话的声音很轻，尤其是妇女，这是一种礼貌。

（3）物化、活动化和程式化的符号

包括一些民族的仪式和习惯、徽章和旗帜、服装和饮食、音乐和舞蹈、美术和建筑、手艺和技能、城市和消费方式等。

## 第三节 旅游文化的大众传播

### 一、旅游文化大众传播的形式

大众传播媒介是信息时代人们了解信息的重要渠道,所有的大众传播媒介形式都可能成为旅游文化传播的载体。我们把通过大众媒介传播旅游文化的过程,称为旅游文化的大众传播。

**(一)旅游文化的报纸传播**

报纸传播是以较短的定期间隔连续向公众发行的散页出版物。报纸的主要特点是造价低廉,制作简便,只要有文字、印刷和纸张三个条件,便可以制作报纸。此外,报纸还具有自由选择阅读、保存方便、信息承载量大、便于查阅等特点。报纸的不足之处首先是受文字媒介的制约,文化程度较低的人无法使用这种媒介,从而限制了这种媒介的受众范围;其次,相对于电子媒介来说,报纸的传播速度比较慢;最后,报纸在传播信息方面缺乏生动性和直观性。

报纸对旅游文化的传播主要涉及几个方面的内容:

一是旅游资讯报道:有关旅游业最新发展动态以及一些新的旅游现象等的新闻报道,讲求时效性,凸显新闻价值。

二是游记:包括旅游者和记者以自己亲身的旅游体验来完成的游记。

三是旅游评论:对目前旅游业或活动中存在的一些问题、现象进行评论,有专家评论、编辑记者评论和读者评论。

四是旅游知识介绍:介绍旅游地的风景、人文文化和民风民俗,介绍旅游活动知识。

五是旅游广告:有旅行社推出的旅游线路广告,酒店和旅游景点推出的形象广告和介绍景点旅游文化的广告等。广告采取直接诉求的形式,告知读者旅游活动的组织方式或旅游景点的旅游文化。

传播旅游文化的报纸，就我国现有的2300多种报纸来说，主要有两种形式：

一是旅游类的专业报纸，这是专门报道旅游类信息的报纸，也是主要传播旅游文化的报纸。这种专业性的旅游报纸一般依靠旅游主管部门，专业信息源比较广泛，但是这类报纸的行政色彩比较浓，工作指导性比较强，缺少亲和力，受众观念不强，一般也只在旅游行业系统内发行，社会影响力有限。

二是综合性报纸中关于旅游文化的报道。随着旅游的大众化，我国的很多综合类报纸都开设了旅游类专版，把旅游类的文章集中在一起进行传播。这种形式的专版图文并茂、介绍的信息全面，形式多样，较受普通读者的欢迎。具体来说，这类报纸报道的旅游文化具有以下几项特点：①实用性强，从"小旅游"入手，介绍景点情况、旅游线路和行程安排等，内容丰富，为读者的吃、住、行、游、购和娱的整个过程提供翔实信息，为读者出游决策提供重要参考；②可读性强，这类旅游专版文章来源多样化，有记者的报道，也有旅游者自己写的游记，还有编辑对有关信息的链接等，文章风格多样，叙事讲究技巧，语言生动，可读性强；③娱乐性强，这类旅游专版既有文字，又有图片，版面现代气息浓厚，有很强的时尚感，能吸引读者眼球，读者即便不准备出游，也可以阅读这类文章进行消遣娱乐。

### （二）旅游文化的电视传播

电视传播是通过无线电波或导线向广大地区或一定区域播送声像节目的大众传播方式。电视传播具有以下特点：首先，电视借助电子传播，传播速度快、传播范围广。其次，从受众范围讲，电视拥有庞大的受众群。电视以声音和图像作为传播信息的符号，几乎社会各个阶层的所有成员都可以成为它的受众。最后，电视传播生动形象，感染力强，通过声音和图像作用于人的听觉和视觉，具有很强的真实性。

电视传播旅游文化的形式主要有电视旅游新闻、电视旅游广告、电视旅游节目、影视剧等几种。

1. 电视旅游新闻

电视台对各种旅游文化活动进行的新闻报道。

电视旅游新闻就是利用解说和图像，介绍新近的旅游文化活动情况。现在有专门的旅游电视新闻报道栏目和以报道旅游新闻为主的电视栏目，集中报道旅游新闻资讯，传播的信息多、全面；还有一种是综合性新闻栏目中报道旅游活动的电视新闻，它们对旅游文化的报道穿插在综合性新闻报道中，这是观众接受旅游文化传播比较常见的一种形式。比如春节期间，中央电视台"新闻联播"和"新闻30分"等栏目报道海南三亚旅游火热的新闻，不仅报道了三亚旅游游客多的信息，而且利用图像形式把三亚的自然生态风光、民族风情都展现在全国观众面前。有时新闻报道还会介绍相关背景知识，如当地政府实行了什么样的旅游政策，开展了哪些旅游推介活动等，信息量丰富，是传播旅游文化的重要途径。

2. 电视旅游广告

电视旅游广告是指在电视上开展的关于旅游地的商业宣传促销活动。它以一种直接的形式来推荐、介绍景点旅游文化，在传播旅游地的人文景观和自然生态文化中起到了非常重要的作用。1999年山东威海市在中央电视台上为自己的城市形象做广告宣传，这是我国内地的第一个城市形象广告。随后，1999年底云南昆明市以世博会为契机，开始连续不断地在中央电视台黄金时段播出旅游广告，推出的第一条广告是，在《春天在哪里》的歌声中，一个彝族少女在石林中找寻春天，随后的解说词告诉大家："昆明天天是春天。"当时全国很多地方还处于寒冷的冬天，此广告一经播出，引起强烈反响。春节之后，昆明推出第二版旅游广告：一群候鸟从遥远的西伯利亚历经万水千山飞回昆明，受到昆明人热情友好的接待，电视配音："是什么原因让这些朋友从那么远的地方来到昆明？"回答："是昆明人善良的心和日渐美好的环境。"电视广告将昆明这个旅游城市的自然风景与人文文化向全国观众一展无余。

3. 电视旅游节目

电视旅游节目就是电视台从旅游文化中挖掘一些有品位的内容，使受众在接收信息的同时，受到良好的文化熏陶，得到美妙的视听享受。迅猛发展的旅游业为电视旅游节目的发展提供了坚实的基础和广阔的发展空间，电视旅游节目越来越受到电视台的重视，近年来全国很多电视台相继推出了大量的旅游节目。

电视旅游节目包括旅游娱乐节目、旅游服务性节目和旅游专题节目。

一是旅游娱乐节目是观众参与程度高、娱乐性强的电视节目。在让观众参与娱乐的情况下，也向观众介绍了各地的旅游知识，增长了人们的见识，很受欢迎。

二是旅游服务性节目的主要目的是向观众介绍旅游目的地的文化、风景以及美食等，具有很强的服务性，信息量大。

三是旅游专题节目是指旅游电视专题片。旅游电视专题片就是把当地的自然风光、人文景观、风土人情以电视纪实的手法拍摄成宣传片，可以说是一种雅俗共赏的电视文化，充满诗情画意，看后让人享受一次精神之旅。

当然，旅游电视专题片不只是提供给电视台。很多旅游风景名胜区都出售旅游电视专题片的音像制品；一些车站、码头、机场的电子大屏幕，一些旅游景点酒店客房的电视也都循环播放旅游电视专题片。

4. 影视剧

一些旅游景区或历史文化名城往往就是借助影视剧，以艺术化的手法展示自己的旅游特色。当人们在观赏影视剧时，同时也为片中的美丽风光和风土人情所吸引，从而激发起旅游的欲望。美国电影《指环王》的导演彼得·杰克逊是一位新西兰人，出于对祖国的热爱，他把这部片子的外景地放在了新西兰。本来新西兰的美丽自然景观已被很多人熟知，《指环王》在这一基础上把自然景观和神话故事联系起来，增加了其文化含量，使人们把自然的美景和包含人文精神的故事融会在一起，提升了审美层次，加上电影这一大众传播媒介构建的"媒介图景"，让人们对新西兰的风景产生了神往。随着《指环王》在世界各地的热映，无数游客涌向新西兰，为新西兰带来的经济效益数以亿计，充分显示了影像文化的传播力量。迪士尼公司早在1953年就根据自己公司设计的一些卡通形象建成了迪士尼乐园，成为世界著名的主题公园。在电影电视播放的带动下，我国的很多影视拍摄基地近年来也成为旅游热点。如无锡的中视影视基地、威海的影视城、浙江横店影视基地、银川华夏西部影视城等，都成为吸引旅游者目光的亮点。一些地方根据有关影视剧也修建了一些人造景观，如依据《红楼梦》建造的大观园，依据《西游记》建造的水帘洞，依据《封神演义》建造的封神演义宫，也都成为旅游景点。近年来许多城市也意识到影视文化作品对旅游文化传播和旅游形象建设的推动作用。电视剧《乔家大院》不仅使山西祁县成为旅游热点，而且大大提升了山西的旅游形象。在电视连续剧《戏说乾隆》中，时常出现旅游胜地承德的景观，无疑也给承德做了很好的宣传。

### （三）旅游文化的网络传播

旅游网络传播，是指用于传递连续电子信息的网络，是继报纸、广播、电视之后的"第四媒体"。网络传播具有以下几个特点：①内容丰富。网络媒体具有超链接的功能，可以随时搜集到海量的信息，信息丰富多样。②互动性强。在网络上，传播者与受众之间的双向交流非常便捷，改变了以往大众传播单向传播的特性。随着网络社区的兴起，每个人都在成为独立的传媒发言人，最终以蜂窝状的组织结构形成一个庞大的民众性的文化社区，进而创造了一种新的媒体形式的理念。③个性化。网络媒体可以根据不同受众的不同需要提供信息，所以网络传播中的大众传播已经成了小众化的传播。④接收信息的异步性。受众可以决定在自己适合的时间内接收信息，改变了以往电子媒介传播信息的同步性。

### （四）旅游文化的期刊传播

期刊，也称杂志，是指有固定刊名，以期、卷、号或年、月为序，定期或不定期连续出版的印刷读物。通常，人们根据期刊内容涉及的范围，把期刊分为综合性期刊和专门性期刊。综合性期刊的主要特点是内容具有多样性和普遍性。专门期刊的主要特点是内容具有专门性，一般只涉及某一领域。一般来说，期刊出版周期比较长，所以内容的时效性不强。但是，期刊的内容一般较有深度，或着眼于事件的深度解释，或着眼于探讨和挖掘事件背后的真相，能够吸引一些具有较高文化层次的读者阅读。

旅游文化的期刊传播有两种形式：一是在综合性的期刊上发表的旅游文化类的文章。这类期刊的旅游文化传播面广，效果好。二是旅游类专业期刊。旅游专业期刊有两种形式：一种是旅游类的学术期刊，专门发表关于旅游研究方面的文章，是给专业人员阅读的；另一种是旅游大众杂志，供旅游爱好者阅读，读者相对稳定集中，传播效果很明显。

**（五）旅游文化的图书传播**

书籍具有专门性、深入性、系统性等特点。它可以对一定的对象陈述其观点和方法。由于其篇幅长，因此信息量也比较大，所以可以对某些问题进行深入的研究和探讨，并进行系统性的分析。与其他传播形式相比，书籍的保存价值是最高的，在读者眼里书籍的权威性要高于报纸和期刊。图书的写作和出版、印刷等流程复杂，因此相对于其他传播媒体来说，传播速度要慢得多。

对旅游文化的传播来说，图书主要有两种形式，一种是非旅游专题的书籍所传播的旅游文化。这类书籍不是以介绍旅游或旅游文化为主题的，但是它们的广泛传播对旅游文化的推广起到了非常重要的作用。这类图书对旅游文化的传播是非直接诉求的，不带有明显的宣传动机，在读者看来可信度更高。我国最早的这一类图书是《山海经》，记载了远古时代我们祖先的故事和山川河流的故事。《诗经》三百篇，以诗的形式记录了当时的生产、生活情况，还记录了当时的民情风俗，传播了旅游文化。一些涉及旅游方面的图书对地方旅游文化的传播有非常重要的意义，最典型的是我国云南迪庆香格里拉，其旅游文化的推广与图书有密切的关系。据考证，早在1000多年前的藏文献资料中，"香格里拉"（Shangri-la）意为"圣洁的太阳"。1933年，英国的詹姆斯·希尔顿出版了小说《消失的地平线》，记叙了四位西方人士,在从南亚次大陆一个叫巴司库(作者虚构的某国城市名字)的地方去白沙瓦的途中,被一个神秘的东方劫机者劫往香格里拉蓝月山谷的传奇经历。小说中所描写的香格里拉,各种信仰和平共存,四处遍布基督教堂、佛教寺庙、道观和儒教祠堂。人们奉行对任何事情都保持适度的原则,即使对待欢乐也不例外。那里拥有美丽的自然景色雪山、冰川、峡谷、森林、草甸、湖泊,还有纯净的空气,丰富的矿藏,是美丽、明朗、安然、悠远、知足、宁静、和谐等一切人类美好理想的归宿。该书描绘了一幅"桃花源"式的美景,使香格里拉成为令人神往的地方。当时,《不列颠文学家辞典》称赞《消失的地平线》为英语词汇创造了"世外桃源"一词——香格里拉。从此,这片想象中的人间乐土成了"伊甸园""世外桃源""乌托邦"的代名词。几十年来,西方人一直在探寻香格里拉究竟在哪里,无数探险家在印度、尼泊尔、中国西部一些地方苦苦寻觅,看到的情景都与詹姆斯·希尔顿在书中说的不尽一致。直到1997年,人们的寻觅才终于有了结果:寻找了半个多世纪的世外桃源"香格里拉"被确认在我国云南迪庆。该书的出版传播和人们对香格里拉的寻找,提升了云南的知名度,带动了云南旅游业的兴盛和发展。

另一种是旅游专业性图书。北京开卷图书市场研究所对目前市场上的旅游专业图书是这样分类的:"总体来看,旅游图书包括两部分,一是为旅游行业服务,二是为旅游者和广大读者服务。前者包括旅游行业的政策、法规、规划和资源的工具书,供宾馆饭店、旅行社和导游、景区景点等行业从业人员业务学习和培训用书,不同层次旅游院校师生的教学用书、辅导教材和参考资料、旅游学术研究著作和理论图书。后者大致涵盖旅游指南,包括国别旅游、区域旅游、分省旅游、城市旅游、景区点旅游等综合性指南图书,也包括专题旅游、特种旅游等个性化指南图书、导游图册、旅游摄影风光画册、旅游文化类图书等。此外,一些指导游客和读者了解、体味旅游目的地的美食、特产、建筑特色和民俗风情的图书,也属于旅游图书。单就大众类旅游图书市场而言,导游图册和旅游指南读物是旅游图书市场的主体。"①

前一类旅游图书主要供专业人员使用，传播面相对较窄。后一类图书属于大众旅游图书，传播面比较广，主要包括旅游指南类和旅游文化类两种形式。比较早的旅游文化类图书是《徐霞客游记》，这本书按日记述了作者在1613—1639年间旅行观察所得，对地理、水文、地质、植物等现象均做了详细记录。在19世纪二三十年代，我国知识界人士纷纷到欧洲游历、游学，掀起了域外游记创作和出版的高潮，许多著名的游记作品，如梁启超的《欧游心影录》、邹鲁的《环游二十九国记》、郑振铎的《欧行日记》、徐志摩的《巴黎的鳞爪》、巴金的《海行》、刘海粟的《欧游随笔》、王统照的《欧游散记》、冯至的《山水》、朱自清的《欧游杂记》和《伦敦杂记》、李健吾的《意大利游简》等，还有瞿秋白的《赤都心史》、徐志摩的《自剖文集》之《游俄辑》、邵力子的《苏联归来》、黄药眠的《美丽的黑海》等旅俄游记，都产生了重要的社会影响。

当前，大众旅游图书成为很多出版社的热点图书，并成为市场上的畅销书，如《藏地牛皮书》获第十届中国图书奖，《3000美金周游了世界》销量逾10万册。中国旅游出版社在旅游文化方面推出了《走遍全中国》《图文中国民俗》《远方的风景》等系列。还有云南人民出版社推出的《丽江的柔软时光》，切合了国人在旅游方面追求心灵享受的需求，发行一年销量就达到万册，其开创的"体验式"写作也在全国范围内被广泛模仿。昆明大番茄传媒机构陆续推出的《在西街快乐中毒》和《爱在西街等我》等提倡体验式旅游的旅游图书都成为旅游类畅销书。

### （六）旅游文化的广播传播

广播是用电子技术装备起来的现代化的传播媒介，以无线电波或导线传送有声符号。广播利用声音符号（包括语言、音响和音乐三要素）诉诸人们的听觉，从而传播信息，属于听觉媒介。广播传播媒介的优点在于：首先，传播速度快，范围广，不受时空及听众阶层等因素的限制，可以真正做到无时不有，无处不在，具有广泛的听众阶层和影响力。其次，电波接收简单，中间环节少，前期制作时间短，时效性强，费用较低。最后，广播还是一种富有想象力的媒介，广播的声音给了听众无限的想象空间。广播媒介传播的不足也是明显的，其仅仅局限于对受众听觉系统的刺激，不能在视觉上施加影响，因缺少画面而不够生动形象。同时，广播表现手法简单，感染力较差，声音转瞬即逝，不易记忆，保存性与可选择性较弱。

要提高旅游文化广播传播的活力和魅力，必须充分发挥广播音响的优势，在节目中大量运用现场报道音响，让受众感觉身临其境，如闻其声，充满想象。如山水游记，可以录下溪流的叮咚、瀑布的喧哗、江河的澎湃、鸟儿的啼啭、空谷的回音和游人的欢歌笑语等。这些都会使人联想起山河的壮美，陶醉在山清水秀、鸟语花香之中。

## 二、大众传播对旅游文化传播的作用

### （一）传播旅游资讯

大众传播的基本功能是传播信息，这也是基于受众的需求。因为人们把时间、精力和金钱交付给大众传播媒介，想借此获得外部世界各种各样的信息，并据此对外部世界作出判断和反应。在旅游文化传播中，大众传播媒介的首要功能是传播旅游资讯。大众传媒关于旅游业近期的新动向、景点的新变化等的报道，还有对旅游线路和景点的告知等，都是新的旅游资讯。大众传媒传播信息的速度非常快捷，而且具有一定的权威性和公信力，相对其他传播渠道来说具有特别的优势，所以受众在了解旅游信息方面愿意选择大众传媒。

### （二）引导旅游文化的消费动向

旅游的过程是消费的过程，大众传播对旅游文化的传播实际上也是对旅游文化的消费引导过程。在大众传播中，通过传播新的旅游消费资讯和消费理念、倡导新的消费方式，对受众起着引导旅游消费的重要作用。

近年来，随着大众旅游的兴起，产生了很多新的旅游形式，如农家游、自驾游、红色游等。其实，这些新的旅游形式也是在大众传媒广泛传播的基础上蓬勃发展起来的。如2008年2月13日，《浙江日报》刊登的《不一样的风俗不一样的情结到农家过年成时尚》一文，介绍了不少都市人选择到农家乐过春节，他们举家出门，来到农家乐。在那里骑战马、舞龙灯、打年糕、磨豆腐、贴春联、吃年夜饭……体验了不一样的风俗，过了一个快乐无比的新年。新闻虽然是客观地告诉读者一些都市人过年的新时尚，但是通过"年味十足""其乐融融""好不惬意"、"快乐无比"等感情色彩浓厚的词语表达了作者的思想观念，实际上是在倡导到农家乐过春节的新的旅游形式，告知读者这样的旅游方式是值得回味的，从而引导旅游消费。

**（三）促进旅游者和目的地之间的交往，推动跨文化交互系统的形成**

传播学的先驱人物拉斯韦尔（Lasswell）认为，社会是一个建立在分工合作基础上的有机体，只有实现了社会各组成部分之间的协调和统一，才能有效地适应环境的变化。传播正是执行联络、沟通和协调社会关系功能的重要社会系统。人们也经常把大众媒介比作"桥梁""纽带"，就是指媒介具有联系社会、协调关系的功能。大众传媒是旅游者与目的地之间沟通信息的重要渠道，在协调两者的关系方面也有得天独厚的优势，传播面非常广，所以能以较快的速度形成有效的协调和沟通。特别是网络媒介，言论传播相对自主、开放，在社会沟通机制方面起到了更加重要的作用。如2007年3月中旬，一位四川游客在互联网上以"愤怒的老驴"为名发出《如此让人恶心的三亚》一文，讲述了其一家五口人春节期间在海南三亚市天涯海角风景区所遭遇的无礼对待。随后，在网络上产生了巨大的反响。国内三大门户网站新浪、搜狐和网易皆在其首页对事件进行追踪报道，上万名网友在网络平台上热议三亚旅游。由于网络媒体的追踪报道，产生了大量的网络舆论，推动了该事件的顺利解决，三亚市政府大力整顿了旅游秩序，使三亚的旅游面貌得到改观。

### (四)传承旅游文化知识

人类社会的发展建立在继承和创新的基础上,只有将前人的经验智慧、知识加以记录、积累、保存并传给后代,后人才能在前人的基础上做进一步的完善、发展和创造。而传播正是保证社会遗产代代相传的重要机制。过去,传承文化的职责主要由家庭和学校承担,现在在很大程度上是由大众传播媒介来承担。大众媒介使科学知识、文学艺术、价值观念等在全社会范围内得到广泛的传播。大众传播媒介也要传播大量的旅游文化知识,这也是现代传媒为了丰富版面或内容而增加的一些娱乐性、休闲性的旅游文化知识。如每年7月份西班牙的斗牛节都是媒体报道的重点,电视、报纸都铺天盖地地进行报道,再现了现场人们的激情画面。意大利威尼斯狂欢节是意大利历史最悠久的狂欢节之一,每年都吸引大批媒体记者前往报道,把狂欢的场景传向世界,吸引了大量旅游者前往观光旅游。巴西狂欢节,被称为世界上最大的狂欢节,有"地球上最伟大的表演"之称,在每年的2月举行,通过媒体的报道成为全世界人们的视觉盛宴,灿烂的阳光、缤纷的华服、火辣的桑巴舞以及男女老少脸上洋溢的笑容,构成了一幅浓郁的民俗风情画。这种经过传播的巴西狂欢盛景,也给巴西的旅游业带来了巨大的收益。不仅要对节庆旅游活动进行宣传推介,在平时,媒介也要传播大量的旅游知识。

### (五)对旅游活动进行舆论监督,形成旅游文化的公共空间

美国著名报人普利策(Pulitzer)曾经说过:"倘若一个国家是一条航行在大海上的船,新闻记者就是船头的瞭望者。他要在一望无际的海面上观察一切,审视海上的不测风云和浅滩暗礁,及时发出警告。"[1] 因为我国的旅游法规尚不完善,旅游管理体制也没有完全理顺,旅游活动中还存在各种各样的问题,如旅游企业的诚信、旅游业与环境保护、旅游业与经济发展、旅游业与传统文化保护等等。大众传播媒介作为社会公器,通过客观、真实地报道旅游活动和存在的现象,对旅游行业进行舆论监督,可以促进旅游事业向健康、有序的方向发展。

同时，大众传播媒介通过反映旅游活动中各个层面的人群和利益主体的信息以及意见，为旅游活动搭建了一个公共交流空间。它可以通过旅游者和目的地人群等各方主体信息的表达与利益协调，实现旅游活动中各方主体的全方位沟通，促成相互间的了解、共识与合作。特别是网络媒体的兴起为公众建立了一个相对开放的空间，很多意见得到自由表达。如《南方都市报》报道华尔街铜牛洋人也常骑，国人骑牛拍照遭质疑。2007年11月的一天，北京电视台的主持人看到一些中国游客骑上纽约华尔街青铜公牛塑像，就拍了几张照片，几天后贴在了自己博客里。此帖旋即引来网络的疯狂转载，甚至一度被多家论坛置顶讨论。随后，其他媒体也纷纷介入，并且矛头几乎毫无例外地对准了骑牛者，认为此行为再一次暴露了部分中国游客素质低下的事实，一些报纸更是以《骑铜牛拍照沦笑柄，内地游客华尔街出丑》为标题进行报道。但是，在北美华人网站，很快有网友贴出了各国游客骑铜牛的照片，认为国内媒体报道小题大做，中国香港《明报》引用网友的话说"最讨厌动不动就上升到中国人的素质上面去的论调"。国内各大网络论坛上的舆论风向随之改变，网友们在随后的搜索中发现，"本以为中国人比较特别，其实根本不是这么一回事，原来骑在雕塑上照相，是全世界人民的共同爱好"。大众传播媒介可以对骑牛者进行舆论监督，其发表的言论可以激发公众参与对事件的深度讨论。可见大众传播媒介就是一个公共论坛，形成旅游文化的公共空间。

# 第四章 旅游跨文化传播

## 第一节 旅游跨文化行为

### 一、文化差异

"越是民族的,就越是世界的",文化的独特性成就了文化的精彩与魅力。追求异域情调的旅游动机就是对文化的独特性追求的集中体现。正是这种文化的独特性导致了文化差异。因为文化差异的存在,跨文化交流才变得必要,因此旅游者和东道主双方的文化差异成为旅游跨文化行为研究的起点。

文化差异的表现是多方面的,既有观念意识形态的,也有制度和行为规范的,还有物质样式和形态的。但文化差异的本质在于观念与意识形态的差异,它涉及价值观、宗教信仰、世界观和人生观等精神领域。

#### (一)交流中的文化差异

交流中的文化差异体现在语言交流和非语言交流两方面。语言交流的差异性与语言特征的不同有关,这些特征包括音韵(发音上的差别)、词法(意群上的差别)、语义学(词义上的差别)、句法(词组以及词组之间关系的差别)、语用学(语言对认识的效果差别)等方面。非语言交流中出现的差异则体现在体势语言、副语言、环境语言、客体语四大方面。体势语言,主要包括手势、面部表情、目光、头部动作以及其他可以传递信息的肢体动作,这些常被认为是辨别说话人内心世界的主要根据。比如世界的大部分国家以点头表示肯定,摇头表示否定,但在阿尔巴尼亚则完全相反。副语言,又称类语言或伴随语言,包括沉默、话语转接和各种非语义声音(音量)等。环境语言包括空间信息(如近体距离、领地观念、空间取向等)和时间信息(看待和使用时间的理念和态度)、建筑设计与室内装修、声音、灯光、颜色、标志等。客体语则包括了相貌、体味、衣着、打扮、随身物品、家具和车辆等在内所提供的交际信息。

**(二)社会范畴中的文化差异**

不但在交流中,各种社会范畴(不同的角色、地位、阶级、等级、对人性的态度、活动、时间以及个体之间的关系等等)中也广泛存在着文化差异。不同的社会角色、社会地位、等级、个体关系等,有着不同的文化表现。在这些社会范畴中,不同个体会表现出对于羞耻感、义务感、责任心等方面的不同态度。比如东西方文化对于身体的裸露、对于子女教育就呈现出不同的态度。

**(三)社会行为规则中的文化差异**

不同的文化中,社会行为规则会呈现出明显的差异。这些社会行为规则包括:如何定义人际关系,对社会互动重视的程度,建立并保持关系的技巧,互动的模式(问候、自我介绍等方面),如何开始第一次交谈(表达的程度、感情的表现、坦率程度、对话强度等),持久性与亲密性,如何表达不满与批评,对理由与意见的描述,关于说真话的道德准则,开玩笑,询问个人问题,赞扬与抱怨,表示厌恶与热情,道歉,送礼等。在不同的文化中,行为个体会在以上这些行为规则方面表现出显著的差异性。

**(四)服务中的文化差异**

服务过程也能体现文化差异,这涉及服务方式的不同、服务内容的不同、旅游者与服务人员互动方式的不同,甚至对于服务的定义都会存在差异。旅游者对目的地的印象很大程度上取决于他们跟服务人员的互动效果。劣质的服务可能引起游客的不满,甚至情绪低落,进而形成对目的地的负面印象。不同的待客之道给来访者的感受是不尽相同的,对于美国人重要的东西,对于中国人或日本人可能就不具有同等的重要性。比如,中国的东道主不太注重游客的期望,他们陪同游客去所有的地方,给客人安排非常紧凑的游览计划,而没有给客人留下独自体验中国人生活方式的机会。中国的东道主认为这是表示对待客人殷勤的待客之道；而对于美国游客而言，这可能被视为一种侵犯和缺乏信任。

除了在交流、社会范畴、社会行为规则、服务等方面广泛存在文化差异外，在区域、种族、宗教、性别、代际差异方面也普遍存在文化差异。

## 二、跨文化主客互动关系

在旅游学术研究中，主客互动关系一直是研究的核心。主客互动是旅游活动存在的基础，没有主客互动，就没有旅游现象。游客的跨文化交际行为其实就是主客互动的一种方式，通过跨文化交流，增进双方的互信与了解。因此，弄清旅游活动中主客互动关系的特征、沟通模式及效应就非常重要了。

### （一）主客互动关系研究的理论基础

胡里奥·艾罗姆拜瑞（Julio Aramberri）曾指出，在旅游一般性理论研究中有三个领域成果最为丰富，它们就是主客关系范式、作为非正常行为的旅游、旅游吸引物的生命周期理论[1]。从主客互动关系角度研究旅游，是从旅游人类学开始的。1977年，瓦伦·L.史密斯（Valen L. Smith）主编的《东道主与游客：旅游人类学》一书就将"主客关系"确定为研究主题。此后，主客互动关系问题一直是旅游人类学的核心研究领域[2]。在研究的众多成果中，符号互动论一直是该研究领域的方法论基础。

作为一种社会学方法论与理论范式，符号互动论由乔治·赫伯特·米德（George Herbert Mead）最早创立，并由其学生赫伯特·布鲁默（Herbert Blumer）于1937年最早提出。该理论从个体行为和互动角度理解社会，凸显人对意义的建构和理解，是一种从社会微观过程的视角切入的理论[3]。该方法论是从人们互动着的个体的自然环境，去研究人类群体生活的社会学或社会心理学[4]，非常强调人类制造和使用符号的能力。其他动物的符号象征能力非常有限,甚至根本不存在。而人类有着极为发达的符号象征能力,这种能力是人类与世界关系的本质所在——凭借这种能力,人们能够使用符号象征客观事物、思想,以及事实上他们经历的任何事物,并进行交流。如果人类不具备这种能力,那么人们也不会创造、维持和改变社会组织模式[①]。

1. 理论假设

一般而言,符号互动论有三个理论假设:第一,事物本身不存在客观的意义,其所具有的意义是人们在社会互动中所赋予的。因此,事物的意义是主观的,由与之相关的人赋予和建构。第二,人们在社会互动的过程中,根据自身对事物意义的理解来应对事物。第三,人对事物意义的理解可以随着社会互动的过程而不断变化,不是一成不变的。可见,在符号互动论者看来,人既是反应者,又是行动者,人对外界通过符号做出反应,而不是做简单的物理性反应。传统实证社会学强调自然现象和社会现象的一致性,崇尚将自然科学的方法运用于社会现象的研究,结果否定了人的主观能动性。符号互动论的意义就在于使被实证主义社会学所扭曲了的人的形象得以恢复,被忽视了的人的内心世界又重新得到了研究,被否定了的人的主观能动性又重新得到了肯定。

2. 主要理论观点

由此看来,符号互动论的理论设定是建立在这样的基础上的:首先,必须有两个或两个以上的参与者;其次,其中一方表现出了某一种行为举止(或言语语言);最后,另一方对对方发出的符号信息赋予意义。据此,符号互动论的观点可以概括为以下几个方面。

第一,心灵、自我和社会不是分离的结构,而是人际符号互动的过程。心灵、自我和社会的形成都以符号为先决条件。如果人不具备使用符号的能力,那么心灵、自我和社会就会处于混乱之中,或者说失去了存在的根源。

第二，语言是心灵意念和自我形成的主要机制。语言在人类互动中是最主要的信息媒介，但不是唯一的。在旅游过程中，游客与东道主一般居民间，很少使用语言沟通，主要为非语言沟通；游客与旅游从业人员之间则主要通过语言进行互动。

第三，心灵是社会过程的内化，内化过程就是人的"自我互动"过程。事实上内化的过程就是人的"自我互动"过程，人通过人际互动学到了有意义的符号，然后用这种符号来进行内向互动并发展自我。社会的内化过程，伴随着个体的外化过程。

第四，行为是个体在行动中自己"设计"的，并不是外界刺激的机械反应。个体在社会允许的限度内行动，在此限度内，他可以按照自己的目的行事处世。在旅游主客互动中，双方的行为都是有"节制"的，只有当一方赋予了接收到的信息意义后，才会选择如何反应。这个反应是经过"设计"的，而不是对信息的直觉反应。

第五，个体的行为受他自身对情景定义的影响。人对情境的定义，表现在他不停地解释所见所闻，赋各种意义于各种事件和物体中，这个解释过程，或者说定义过程，也是一种符号互动。

第六，个体并不是客观存在的，他存在于与他人互动的过程中。在个体面对面的互动中有待于协商的中心对象是身份和身份的意义，个人和他人并不存在于人自身之中，而是存在于互动本身之中。

3. 方法论特征

符号互动论者强调研究过程，而不是研究固定的、静止的、结构的属性，偏爱参与观察、生活史研究、不透明的被脉络化的互动片段或行为标准等方法，倾向于描述性的和解释性的方法论。

符号互动论者强调研究真实的社会情景，不喜欢通过实验设计或调查研究来构造情景。不运用正式的数据搜集法和数据分析法，而代之以概括性的和一般的方法论的指令，这些指令要求对被调查的对象采取"尊重"态度。

符号互动论者倡导定性的研究方法。实证主义传统的社会学强调社会现象和自然现象的一致性，主张用自然科学的方法研究社会。大多数实证主义社会学家把社会科学看作是验证关于人类行为之因果假设的手段。这就是从事物中找出两个或更多的变量，而后对其关系进行验证。为了使他们的研究科学化，这些社会科学家运用自然科学家的模式。结果，人的符号性质被忽略了，人被当作了物，人的形象被扭曲了。人的内在思维活动被作为"黑箱"排除于科学研究的范围之外，"情景定义"被忽略了。

4. 研究步骤

根据布鲁默的说法，符号互动论研究至少分两个阶段进行："考察"和"检验"。在"考察"阶段，研究者用参加者的语言描绘其所生活的、所理解的和所适应的世界，着重掌握社会情景的第一手资料。在"检验"阶段，研究者集中注意环境中的"分析因素"，这些因素要在理论指导下进行观察才可能获得。对于多数符号互动论者说来，这一阶段在辨认、描述和解释基本的社会过程如社会化、整合、协商时已开始了。

5. 与其他理论的哲学关联

从哲学上看，符号互动论与美国的实用主义、德国和法国的现象学联系最为密切，与逻辑实证主义、结构功能主义、文化决定论、生物决定论、刺激——反应行为主义、交换理论以及均衡理论的各种形式相对立，而与心理分析理论、现象学社会学、民俗学方法论、角色理论、戏剧理论以及人本主义和存在主义的心理学、哲学具有某些相容性。

（二）旅游主客互动关系的特征

主客互动关系是指外来游客和接待地主人之间的相遇及后果，这种关系的建立以双方的沟通交流为手段，以互信理解为目的，是旅游活动独特的运行形式。从旅游的运行结构考察，旅游主客互动呈现出"线"和"点"连续的空间移动过程，表现为典型的线点结构。这种在目的地间连续的空间转换，和目的地选择的不重复性，是旅游与旅行相区别的特征。具体而言，这种区别又体现在旅游者与东道主之间的主客互动关系中。1975年，联合国教科文组织（UNESCO）发表了一篇题为《旅游对社会文化价值的影响》的报告。该报告对东道主与游客之间的互动关系进行了深入研究，并归纳出旅游主客互动关系的五个特征。

其一，短暂性特征。主客遭遇的时间短，理论上大多不超过3~4周，多数情况下仅仅几个小时而已。事实上，游客到达新的目的地的不确定感使其避免与东道主进行接触，两者的接触通常在离开前才进行。因此，绝大多数主客之间的互动关系都只能是偶然的和表面的，很难深入触及目的地社会的深层结构和意义层面。游客对于目的地的了解，大多停留在"镜头"所捕捉的画面。

其二，时间的限制性。旅游者都有在短暂的时间内观赏到一切美景的强烈愿望，这使得游客的时间显得非常有限。这种时间的限制性使东道主只能为游客展示"迪士尼"式的被修饰的和表象的画面，而无法呈现更加复杂和丰富的"真实"，与此同时，游客也只能得到会带来无尽的误解和冲突的浓缩体验。因此，旅游就只能是一次挣脱现代社会束缚的短暂解放，而不可能是一次文化考察。

其三，空间的限制性。旅游者通常被隔离在一个以"酒店"为隐喻的封闭空间，他们在这样的一个环境泡中活动，无法触及目的地的原真性。空间的隔离与限制加剧了对主导旅游者行为的社会心理因素的误解。

其四，互动关系的不平等性。旅游主客双方在经济上具有不平等性，通常旅游者比东道主富裕阔绰，具有一种从其文明带来的物质优越感。相反，从财富角度看，东道主则感到不那么优越，但是这种在财富方面的自卑感会随着旅游者所表现出的脆弱和缺乏安全感而逐渐消失。尽管如此，物质方面的不平等性在旅游主客双方的互动中还是表现明显。

其五，自发关系的缺失。虽然广受诟病，但是旅游业还是在想方设法地将人类与文化的关系、酒店业等一切都变成一系列赚钱的活动。旅游业刚开始发展时，旅游者与东道主之间形成了一种"共谋"，即东道主允许游客炫耀自己的物质优越性，而游客允许东道主利用他们的弱点赚钱。但这种"共谋"只是一种理想状态，很容易被瓦解。而当这种"共谋"消失时，问题出现了，文化冲突现象开始发生。这种基于错误的合约（前面讲的共谋）阻碍了人类和谐的发展，而这种和谐正是旅游的总体哲学。旅游互动的主客双方都不会自发地调整互动时的关系，而这种自发关系的缺失是导致互动时文化冲突的主要原因。

主客关系的五大特征的形成具有复杂的背景，除了旅游活动运行的"线点结构"所决定的快速移动性本质外，文化差异是其形成的重要原因。主客双方的文化差异，以及主客接触的短暂性导致双方形成了一定的文化距离，使得文化的"涵化"过程无法完成。在这种情况下，旅游者只能感受到目的地社会的肤浅的文化影响，而无法在深层结构中感知旅游目的地文化的内涵。进一步说，文化差异对于主客关系特征的影响可以归纳为三个方面：其一，语言障碍。语言的影响是显而易见的，尤其是当旅游者与东道主一般居民进行交流时。其二，双方社会发展水平的差异。客源输出地和旅游目的地双方在政治、经济发展水平和结构上会有很大不同，使得主客互动之间缺乏可以认同的"共同语言"，二者的接触就会成为一种不对称和不平衡的过程。其三，个人文化素养的问题。交流双方的人文素养对于主客互动有很大影响，态度谦和、礼貌恭敬的人往往更容易被别人接受，自然互动就比较顺利。相反则会导致冲突。

**（三）旅游跨文化沟通模式**

1. 沟通过程模式

沟通，也翻译为"交流"，是指信息的发送者与信息的接收者共享信息的过程。这一过程由信息源、信息、编码、通道、解码、接收者、反馈、七大要素构成。同时，整个这个过程还受到噪声的影响。其过程大致如下：信息源通过对语言和非语言符号的选择，将交流信息进行编码，然后传递给接收者；接收者收到信息后对信息进行解码，按照一定的规则理解信息并做出反馈。其中编码和解码两个环节最为重要，因为思维是无法直接交流的，而是通过符号的编码与解码来达到沟通的目的。同时，在整个沟通过程中要克服噪声的负面影响，才能顺利实现沟通的目的。

根据以上对沟通流程的描述，我们可以归纳出四个沟通流程的特征：首先，沟通是一种动态的不断变化的行动，有时缓慢，有时剧烈，但是不断在日常生活中发生；其次，沟通具有互动本质，即沟通具有在两个或两个以上的个体间互相制约的本质；再次，沟通活动不可逆，即沟通信息一旦发出后，其产生的效果是无法消除的；最后，沟通须在一定的物质和社会环境中进行。

2. 跨文化沟通模式

当沟通发生在两个具有不同文化背景的个体之间时，跨文化沟通发生了。在这种情况下，一种文化中编码的信息必须在另一种文化中解码，但是文化造就和限定了每一个作为沟通者的个体，我们的沟通行为和赋予信息的方式在很大程度上受文化的影响和制约。来自不同文化的两个个体，在沟通行为和赋予意义的方式方面具有很大差异，因此跨文化沟通会遇到诸多困难。不同文化间的沟通大约遵循以下模式进行。一次跨文化的沟通包括六个环节：通过甲文化主体将所需传递信息进行编码，然后将该信息传递出来，信息在一定的渠道与乙文化主体连接，乙文化主体接收信息，并对所接收信息进行解码，然后将其对信息的认知反馈回来。旅游主客互动关系，也是跨文化沟通的一种，在主客互动中，同样存在这些环节。假定甲文化代表旅游者所在文化，乙文化代表东道主所在文化（反过来假设也同样成立），一个完整的旅游主客互动过程有如下六个环节。

（1）信息编码

旅游者通过对语言和非语言符号的选择，将它们根据所选用语言的一定语法和规则组合在一起，从而构成信息，这就完成了编码过程（encoding，是一种心理活动）。

（2）信息传递

旅游者将所编码的信息（message，这里信息是一组语言或非语言符号，代表信息源在某一特定时刻的存在状态）传递出来。

（3）信息连接

信息在一定的渠道（channel，信息得以传递的物理手段，有些媒介也是渠道，如书报、电话、录音等）与东道主相连接。

（4）接收信息

东道主在渠道中接收信息（信息无论通过何种渠道传递，都是一种刺激力）。

（5）信息解码

东道主将所接收信息编排成一系列自己文化熟知的语言或非语言符号，这就对信息进行了解码（decoding，也是一种心理活动，它将在渠道中接收的信息刺激转变为有意义的内容）。

（6）反馈

东道主对接收到并解码的信息做出反应，并将这种反应传递给游客。这种反向传递就是信息反馈过程（feedback，是指沟通过程中，信息接收者将某些情况和信息反向传递给信息源主体，并由信息源主体对沟通效果做出定性判断，从而调整和适应当时的沟通情境的过程）。

**（四）旅游主客互动关系的类型**

旅游者与东道主跨文化沟通的效果通常受很多因素的影响，比如旅游者与东道的文化差异、旅游者与东道主的类型、旅行安排的不同类型、文化经纪人的角色（如导游）、旅游开发阶段以及在目的地旅游者与东道主的数量、相互之间拥有的有关对方的信息量、旅游类型等。其中影响最大的就是旅游者与东道主之间的文化差异。在文化学中，文化间性是用来表示跨文化沟通的参与主体间的文化相似与差异性的专门术语。根据旅游者与东道主之间的文化间性的程度，我们可以识别出旅游主客互动关系的不同类型。文化间性的程度就是指跨文化沟通参与者之间文化的相似性与差异性的程度。非常相似的个体之间相遇是文化间性最低的,而文化差异很大的个体间的相遇,其文化间性是最高的。对旅游主客互动效果产生影响的不仅在于游客与东道主的文化差异,更在于差异的大小。根据文化间性的程度不同,旅游主客互动关系可以大致划分为两种类型:低文化间性互动和高文化间性互动。

1. 低文化间性互动

这种类型中又可以细分为两个小的类型:其一,旅游者和东道主的文化背景是相同或相似的;其二,旅游者和东道主的文化背景是不同的,但差异性是细微的与互补性的。在低文化间性互动中,旅游者和东道主有着共享的文化背景,他们在互动过程中,文化间性程度低,能够准确地相互理解,其沟通效果也最有效。这种类型的互动通常发生在国内甚至更小范围内的旅游活动中,在这种小范围的旅游中,主客双方有着共同的价值观、文化传统、语言、社会经济生活等,因此沟通交流顺畅,互动效率高。

2. 高文化间性互动

高文化间性互动中,旅游者和东道主的文化背景不同,而且其差异性非常大,且不相兼容。在这类旅游主客互动关系中,游客与东道主被显著的文化差异分离,文化距离远。他们拥有较少的文化共性,其互动困难较大,有效性低。随着游客和东道主之间文化差异的增加,他们之间会产生摩擦、误解与诠释错误,其结果便会阻碍互动。据威廉·A·萨顿(William A. Sutton)的观点:"两种文化之间的差异性越大,其相遇就越有可能……导致摩擦与误解"。当旅游者与东道主之间的文化间性程度越高,二者发生交流的可能性就越小,信息交换就越少,他们即使在空间上相遇,也可能视若不见[①]。跨越国境的国际旅游就属于高文化间性的互动活动,旅游者与东道主之间,或者没有沟通,或者通过文化经纪人(导游等)进行沟通。

### (五)旅游主客互动困难的原因

旅游主客关系中,特别是国际旅游的情境中,主客双方由于缺乏对外国文化的经验,跨文化沟通具有高文化间性的特征,并因此产生沟通困难和障碍。这些导致困难的因素有语言和非语言的沟通技巧、社会互动规则两大方面。

语言和非语言的人际交流技巧对于旅游跨文化沟通具有十分重要的意义,然而体现这些技巧的行为却因主客双方的文化背景差异而各不相同。亚洲女性认为流露个人情感违背了礼貌和尊重的文化规则,体察他人是否受到伤害或气愤,乃是朋友和家人的责任,而不是非要个人表达出来。

旅游主客互动通常因为双方所在文化的社会互动规则的差异而变得异常困难。每一种文化都有恰当的自我介绍、意见表达、表示尊重等方面的具体规则。在英国的外国旅游者认为所遇到的最困难的社会情景是如何开展个人间的互动。在 B&B(提供床铺和早餐的家庭旅馆)中,甚至连使用餐具的习俗及进餐的习惯都会引起他人的不快。体现在社会互动规则方面的文化差异是旅游主客双方互动困难的非常重要的原因。然而,旅游主客互动并不必然具有困难的特征。当旅游者和东道主都意识到文化差异的存在时,这些困难就会被实质性地减少到最低的程度或消除。因此,对文化背景中的文化差异的理解在互动困难的体认中起到了关键性作用。

旅游主客互动困难的研究是旅游跨文化研究中的重要内容,意义协调管理理论(Coordinated Management of Meaning,CMM)对该问题的分析作出了重要贡献。它不是一个单一的理论,而是理解沟通中人际互动问题的一系列观点的集合。据说,这是一个"瑞士军刀"式的多功能实用理论,能在任何情形下得以运用。该理论识别出沟通的三个基本流程:连贯、协调和神秘,并细分了导致跨文化互动产生困难和障碍的六个不同层次的因素:内容、交谈行为、情景、关系、自我概念、文化。第一层次为内容,顾名思义,内容是指沟通过程中表达出的信息,包括言语、手势、体态、信号等,是沟通中最直接和表面的东西。在任何一种语言中,内容都是最基本的部分，然而内容本身是不足以在沟通中形成意义的。第二层次为交谈行为，较内容则深入一些，是指在交谈时所实施的行为，是交谈中意义被附加的方式，包括抱怨、侮辱、承诺、论断、威胁和疑问等。进一步说，交谈行为可以分为声音和表达方式两个部分。第三层次为情景。面对面交流总是发生在特定的时间和地点，在那时那地很多因素凑在一起，形成特定的交流环境，这就是情景。交谈行为和情景都能深刻影响内容所呈现的意义，同样的表达内容，表达声音的大小、表情的变化、情景的不同会使其具有不同的意义。第四层次为关系。关系对沟通的影响是显而易见的，人际互动时互动双方的关系不同，沟通内容和方式会表现出不同的意义。家人间的谈话和陌生人间的谈话是截然不同的。第五层次为自我概念，即个体对自己是谁的基本认知。在生活中，每个人都会扮演不同角色，个体对自己角色的自我感知会影响沟通信息所表达的真实含义。第六层次为文化，是指在特定情境中一系列表达和行动的规则和个体共享的价值观等。文化为最内核的层次，潜移默化中影响我们的人际沟通。

CMM理论认为，六个层次的跨文化互动影响因素为跨文化沟通难题提供了清晰的解决思路。要使跨文化沟通取得良好的效果，就需要在不同层次的信息交换中达到一定程度的理解。同样，要解决旅游主客互动问题，六个层次的影响因素需引起相当的重视。

**（六）旅游主客互动关系的效应**

1963年，努涅斯（Nunez）分析了一个墨西哥山村的村民与城市旅游者之间的互动，发现其经济和政治结构、土地使用规模以及价值体系都发生了迅速而巨大的变化。1976年，菲利普·F·麦基恩（Philip F.McKean）描述了类似的结果："他们逐渐和英国人的汽车旅馆和商店经营者以'文化共生'的方式联合起来；经营者认识到印第安人对吸引旅游者的重要性，而印第安人也知道，白人经营必要的旅游服务业能使双方盈利。"此后，越来越多的学者开始关注旅游目的地社会文化的变迁情况。史密斯主编的《东道主与游客：旅游人类学研究》、马西森与沃尔合著的《旅游：经济、自然和社会影响》等著作的出版都引起了重大反响。20世纪90年代开始，为了准确测度旅游的社会文化影响，研究方法开始向定量化的方向发展①。

旅游主客互动的文化效应一直是旅游研究的热门领域。有关旅游对文化的影响，在其性质和导向上，还存在争议。争议的一方认为，旅游跨文化的主客互动有助于消除社会和民族偏见，增进了解和积极的社会转变。而另一方则认为旅游给文化带来了毁灭性的后果，旅游主客互动破坏了目的地传统文化。②这些消极或积极的文化效应对旅游目的地和游客都产生了深远的影响。总体而言，旅游主客互动对于东道主和游客所产生的文化效应主要有文化传播与涵化、文化整合与转型、文化休克和文化冲突等方面。

# 第二节　旅游跨文化传播与涵化

## 一、文化变迁机制

### （一）文化创新

创新，是指在群体内部得到广泛接受的任何新的做法、工具或原理。所有文化变迁的终极来源都是创新。创新可以分为两类：首次创新和二次创新。首次创新是指对一个新原理的偶然性发现，而二次创新则涉及对已知原理的有意应用而产生的事物。后者最接近西方关于文化变迁的模型，即可预测的和既定的。因创新而引起的文化变迁通常与旅游活动无关。

### (二)文化传播

文化传播,也被翻译为"文化扩散",是指一个社会的习俗或惯常做法流传到另一个社会。当来自两种文化的个体进行互动时,其中一种文化的个体向另一种文化借用文化元素的过程,就叫传播,而贡献文化元素的社会实际上就是那种元素的"发明者"。借鉴是如此常见,以至于已故美国人类学家拉尔夫·林顿(Ralph Linton)说,任何一种文化的90%的内容都可以通过借用得到说明。罗伯特·罗维(Robert Lowie)也说,我们的现代文明是从四面八方东拼西凑起来的一件百衲衣。然而,这些借来的特质通常被大幅修改,人们对他们借用的东西是有所创造的,他们从多种可能性和来源当中进行挑选。通常,他们选择那些与他们目前的文化相互兼容的元素[①]。文化传播既涉及空间的移动,也涉及时间的发展,据此,文化传播可以分为横向传播和纵向传播两类。横向传播是指文化的空间扩展,即不同文化间的传播;纵向传播是指文化的代际传播,即同一文化的延续。

尽管文化传播很重要,但接受来自另一种文化的创新与接受"本土"的创新相比,要面对更多的障碍。接受外来文化不但面临与接受本土创新相同的障碍,还必须面对这一事实:这些借用品终究属于外来的。美国人坚持使用旧的英制度量衡就是因为这一原因。

### (三)文化遗失

文化变迁是创新的积累,即把新东西加到已经存在的东西上。这似乎没错,就仿佛我们生活方式的一部分。例如,我们拥有电脑,用电脑办公和处理事务;后来,我们又发明了网络,开始将遥远的个体通过虚拟网络联系在一起;再后来,我们用手机上网。我们的沟通方式变得如此多元,在不断叠加。然而,接受一种新文明常常导致一种旧事物的消失。比如,我们发明了电子邮件,因此我们现在基本不用纸笔写信了,邮票的实用价值将慢慢消失。

## 二、旅游跨文化传播

文化传播是文化现象的时空转移过程,它注重三个环节:文化起源地、文化传播过程、文化分布。通常文化传播是这样开展的:某一文化现象通过文化传播过程从其起源地移动到一个新的区域,并形成新的文化分布区。文化起源地是这个过程的起点,新的文化分布区是这个过程的终点,而最终的文化分布格局则为这个过程的结果。旅游活动通常表现为一种跨文化传播现象,其过程反映了文化传播的特点。旅游者通过旅游这个过程将客源地的文化传输到旅游目的地。旅游客源地就是文化起源地,旅游就是文化传播的过程,而旅游目的地的文化变迁则为文化传播的结果。

### (一)传播类型

地理学家根据文化如何在不同的空间传播对文化传播进行分类,并发现文化并非以一种方式散播,其散播往往借由多种路径实现。据此,文化传播可以划分为两个基本类型:迁移传播和扩展传播。

1. 迁移传播

迁移传播通常是在个体或群体从一个地方移居到另一个地方时发生,他们将自己的文化和习俗带到他们的新家园。正如其名称所暗示的,这类传播将涉及传播主体的位移活动。具体而言,迁移传播是通过作为文化载体的个人和群体的移居,把新观念、新技术或新工艺等带到新的地区的过程。在过去的500年,欧洲人通过向海外移民将其语言、宗教、产权观念等传播到全世界,这是人类历史上最壮观的迁移传播事件。欧洲移民的居住地命名也反映了欧洲人这种文化传播观点,如在美国广泛存在的地名"坎伯兰"(Cumberland)可能起源于西北英格兰的一个乡村地名。同样在明尼苏达州也发现了芬兰地名。地理学家把这种现象叫作文化迁移。迁移传播一般传播速度较快,同时文化的原真性保持较好。由于迁移传播通常是通过移民等移居活动实现,因此在新的定居地所出现的文化现象通常与原有分布区并不连属,而常常形成一种文化孤岛现象。如中国的回民街、世界各地的唐人街等就是典型的文化孤岛。

2. 扩展传播

扩展传播是另一种主要的文化散播类型。与迁移传播需要涉及个体的移居不同的是，扩展传播从一个核心区将文化向四周散播。当然扩展传播仍然需要借助人类的移动来实现文化的散播，但是扩展传播所借助的移动不是移居类型的，而是常规的、日常的移动类型，例如上下班通勤或去学校学习。扩展传播从一个固定点开始不断向外传播，其所占据的面积越来越大。这类传播具有如下特点：其一，从某文化现象的原分布区逐步向外扩散；其二，扩散过程中人的移动距离短；其三，其分布区域是逐渐增大的，并在地理空间上是连续的；其四，旧的分布区位于新的分布区范围内。这种传播类型又可细分为三个子类：传染传播、等级传播和刺激传播。传染传播，如同其名称所暗示的，其传播如同瘟疫蔓延，从一个点向其周围扩散，如石投水中引起的波纹一样。在传染传播过程中，文化理念和习俗通过个体与其周围的人的接触进行散播，几乎所有的人都会受到影响，虽然不见得每个人都会采用这种文化。其传播就像谣言一样从一个家庭传到另一个家庭。等级传播，是指一种文化现象在不同的空间等级中由高至低或由低至高进行散播的过程。"上有所好，下必甚焉"就是这种传播方式的写照。出境旅游现象就是一个等级传播的范例，这种现象刚开始出现在少量的精英阶层中，后来逐渐向普通大众蔓延。刺激传播，是指一种理念、发明等的传播是借由其与另一种观念的联系来实现的，即这种传播是借由另一种刺激物（一种观念）而触发的。

旅游主客互动关系是旅游者与东道主的双向互动过程，不能单纯地将旅游跨文化传播归入迁移传播或扩展传播。当旅游者离开家，带着家乡的文化来到旅游目的地时，通过他与东道主的接触，必然会将自己的文化传播到旅游目的地。这种传播因为旅游者停留时间的短暂，从单个传播行为看来，效果不会太明显，但当很多个来自同一地方的游客持续对东道主进行传播时，则可导致旅游目的地的文化变迁。从这个视角看，旅游主客互动关系属于迁移传播的文化传播类型。而当我们把视角转向东道主时，情况发生了变化。东道主在自己的居住地，通过直接（从事旅游业）或间接（作为普通居民）的方式与游客遭遇。在与游客沟通的过程中，东道主有意识无意识地将自己的文化传播给游客。这种传播则属于扩展传播，东道主通过与其附近的个体（来自远方的游客）接触，传播价值观念、语言、宗教、生活方式等。

### （二）传播条件

旅游跨文化传播有着与一般文化传播相同的机制，需要内在和外在两种动力共同作用。外在动力是指不同文化之间的差异，这种差异性推动旅游跨文化传播的开展，如果没有文化差异，文化的传播就失去了最基本的动力。内在动力则是指文化自身发展的需要。任何一种文化都有向外传播的需要，这个传播过程既是对自身文化优越性的证明，也是提升自身文化品质的重要途径。

此外，旅游文化传播还需要一定的交通、地理条件，以及适宜的经济、社会、政治环境等。交通、地理条件是前提，而经济、社会、政治等环境则是重要的推动力。

## 三、文化涵化

旅游会对东道主社区产生一系列重要影响，如影响劳动分工、社会生态、土地利用模式等。在旅游者角色制度化后，东道主国家便发展出一系列为满足旅游者需要服务的角色和机构，随着吸引物和服务设施的建成、改善并向旅游者开放，这一发展过程逐渐为东道主社区生态注入了新的元素，从而导致东道主社区的文化变迁。但具体而言，这种变迁的程度与方式并不相同。纳什认为，旅游引发的目的地社会文化和环境的变化将取决于旅游的形式。科恩也总结道，旅游者和东道主社区相互影响的程度和方式在很大程度上取决于主客双方进行社会接触的程度和类型。他还进一步就制度化旅游者和非制度化旅游者对目的地的影响做了区分：旅游对未来社会的影响将呈现出一个复杂图景。一方面制度化旅游者的大量增加将使旅游业越来越标准化、机械化，这反过来将使旅游主客之间的接触和交往更加程式化。这种程式化本身不会对东道主社区的文化原真性有太大破坏,旅游者和东道主之间有一道"帷幕",旅游者看到的是"前台",而东道主生活在"后台"。但随着旅游者规模的不断增长,游客对东道国社会生态、劳动分工和财富分配的影响随之扩大。另一方面,当形形色色、来自不同阶层、不同生活方式的非制度化旅游者大量深入东道主社区时,主客之间就会发生更加频繁、更加多元的社会接触,跨越国界的相互了解也将带来良莠混杂的结果。

在旅游者和东道主之间进行跨文化互动过程中,旅游者和东道主不可避免地都会受到来自对方文化的影响。所有的社会文化系统都表现为一种变迁和固守的相互作用,但通常是一方胜过另一方。在旅游主客互动过程中,因为旅游者一般不会停留在某一个目的地,他们在不同的目的地穿梭,因此某一个目的地对其的影响就会非常有限。然而东道主社区在不断接待来自各地的游客的同时,其文化生态悄然发生改变。这些改变就形成了文化人类学的"文化变迁",这种变迁随着时间和影响的强度而呈现不同的状态。游客的行为会对东道主地区文化产生一定的示范效应(demonstration effect),而这可能导致文化漂移现象的出现,这种现象的累积就会导致东道主社区更强的文化变迁,进而导致文化涵化的形成。

## (一)示范效应

示范效应并不是一个特别清晰的概念,它通常用于政治学或社会学,原来是用来描述一个地方的成功发展可以作为另一个地方发展的促进因素。在运用于旅游研究中时,主要用在旅游的社会文化效应方面。旅游的示范效应常常会对旅游目的地的社会文化造成负面影响,甚至抵消旅游在经济方面带来的好处。这种现象主要是一种器物层的信息传递,一般而言,对于经济文化相对落后的地区,外来游客带来的文化通常都是在器物层面影响当地文化。

旅游示范效应,是指游客通过一些形象将信息传递给接待地居民,进而影响他们的意识和行为,是非语言沟通的主要效应。它借助于一种强制的潜移默化的力量,通过经常的展示和观感接受而形成,接受对象在不断地接触中,从排斥转向接受，其至会导致接受对象的意识观念的转变，并将这个过程细分为排斥、认可、接受、融合等四个阶段。我们直觉地认为，示范效应是一个关于旅游后果的概念，对于目的地有着广泛的影响。事实上，示范效应的影响有限，示范效应通常是一个过程而不是结果，东道主社区往往因为游客的示范性行为产生文化漂移或文化涵化现象，这个过程就是示范效应。

### （二）文化漂移

文化漂移，是指文化的演进和变迁源于某个特定的文化理念或特征的频繁出现或盛行，这个特定的理念或特征是随机的、偶然的。这个概念来源于生物学，是生物学的"基因漂变"或"样本错误"在文化演进中的一个类比。简单地说，文化漂移就是指偶然的随机因素对文化演进产生重大影响的现象。后来有学者扩展了这一概念，将选择性和指向性的因素也包含在其中。综合起来看，文化漂移是指某个特定的文化现象的频繁出现或盛行推进了文化的演进进程的现象。

将文化漂移运用于旅游跨文化传播，可以很好地解释旅游主客互动关系。因为旅游活动中的主客互动就是一种随机和偶然的现象。在旅游者与东道主的短期接触中，主客双方在表面上都会对自己的行为有所改变（如游客穿上东道主的民族服饰，东道主为了迎接游客说几句游客的语言等），但这种特定的表面行为因其频繁出现，可能对东道主社会的文化演进产生持久深远的影响。有时，这个概念也指某个特定的文化理念或特征在旅游主客双方"漂移"的现象。它在外来游客行为上的表现，常常体现为对接待地某种文化要素的偏爱，比如游客在目的地购买民族服饰穿在身上，而离开之后则不再穿戴，或是保存做纪念品。这里东道主的服饰文化元素"漂移"到游客身上。游客的这种行为对自己的影响并不大，但众多游客对这种行为的重复，特别是偏爱某种民族服饰样式会导致东道主地区服饰文化的变迁。文化漂移在东道主地区尤其是为异质文化游客服务的企业及其员工的形象和行为上表现明显，例如接待欧美游客的酒店，大都使用欧式建筑和装修风格，员工也穿欧式服装，并用英语作为沟通手段，但这些员工在其余时刻并不如此[①]。概而论之，我们可以这么理解，旅游主客互动的文化漂移是指游客与东道主的某种或某些文化因素暂时"转移"到对方身上的现象，这种转移可能因为其高频率而对东道主社区文化造成深远影响，但是目前这些文化因素的转移还只是暂时的、表面的，只涉及表型行为的改变，而没有触及意识行为。

但当这种文化漂移现象发生的频率增加时，到一定时候，东道主地区的文化不但在表型行为层面发生改变，就是在意识行为层面也会发生改变，这就会导致"文化涵化"现象的形成。

### （三）文化涵化

"涵化"是一个人类学术语，是指一切因文化接触导致的文化变迁，不管这种变迁是不是人们想要的。更具体地说，当有着不同文化的一些群体开始频繁直接接触的时候，其中一个或两个群体原有的文化模式内部随之发生极大的变化，这就叫"涵化"。它总是包含着直接或间接的强迫因素。涵化属于文化变迁范畴，也是文化变迁的一个主要内容。当某一社会的文化和自然环境改变后，便会产生新的需要，进行创新，并将创新的内容进行传播，最终产生涵化的结果。"创新—传播—涵化"构成了一个典型文化变迁模式，这三者既有历史性的先后关系，同时又互相影响。早在20世纪50年代，美国社会科学研究理事会（Social Science Research Council, SSRC）就在其夏季研讨会上将"涵化"界定为"有两个或多个文化体系接触所引发的文化变迁"。

努涅斯认为，在旅游业中，涵化的过程引人注目，其往往发生在不同文化接触时，不论时间长短，双方都可以通过"借鉴过程"得到好处。但是这种过程具有不平等性，在很大程度上受接触环境的性质、参加沟通的个人或团体的社会经济状况，以及两者人口数量差异的影响。

1. 涵化的影响因素

涵化的形式多种多样，其中"借鉴"（borrowing）是一种重要的形式和因素。

这种"借鉴"通常是双向的,每一方都会通过"借鉴"另一方的文化因素使自己的文化产生某些变化。根据这样的原则,文化涵化的发生存在两个方面的因素:一种是外来因素的介入,即在某种外部力量(如政治、经济、旅游等)的影响和作用下,原生性的文化产生某种变化;另一种是内部因素,即一个群体或族群的内聚力、认同感、承受力,以面对来自外界因素影响和作用的承受力。但无论如何,涵化必须满足一个最基本的条件:两种及以上文化的接触。在旅游跨文化互动中,涵化的强度会受到多方面因素的影响,主要体现在以下五个方面。

(1)旅游主客互动的程度

旅游者与东道主之间的文化接触方式与程度影响文化涵化的程度和范围。在旅游跨文化互动中,旅游者的类型不同,互动程度不同,对于涵化的强度也会产生不同的影响。制度性旅游者与东道主的互动较少,但由于数量巨大,对东道主文化理解不够,因此对东道主地区文化影响较大,涵化的强度也较大,这种旅游者的旅游形式是一种文化暴力。非制度性旅游者虽然与东道主互动较深入,但他们尊重东道主文化,且数量较少,因此对东道主地区文化的影响并不大,涵化的程度较浅,或不导致涵化。因此,考虑东道主地区的文化涵化现象要区分其迎合的是哪种类型的旅游者。

(2)东道主的文化社会态度

这是指有些国家和地区愿意接受和容纳异质文化的旅游者,而另一些国家和地区却不予容纳,持排斥、隔离或保持距离的态度,这就会妨碍旅游跨文化交流,并影响涵化的进程。

(3)文化距离

文化距离是指文化和文化之间的亲疏感,它既是文化传播中的人为因素,也是影响文化涵化进程的重要因素。"切近"和"疏远"表达了一种在跨文化沟通中起重要作用的距离感。这种距离指的是两种文化的相似程度,两种文化相似度越高则文化距离越小,反之则文化距离越大。当两种文化的文化距离较大时,旅游产生的文化传入所造成的影响可能更为广泛、更为深入,更易导致涵化的发生。当旅游者与东道主之间文化相似度高时,文化距离较小,旅游的社会文化影响就比较有限了,涵化就不容易发生。如西欧人、美国人和加拿大人之间的相互造访,造成的社会文化影响就比较有限了。斯蒂芬·佩吉(Stephen Page)还发现另一特例:在一些旅游所导致的影响在直觉上被认为比较大的地方,如印尼的巴厘岛,由于大部分游客来自世界各地,具有多种社会文化背景,他们对目的地产生的文化影响反而小于人们预期。由此可见,文化距离大,并不必然导致涵化程度高[1]。

(4)旅游对当地社区的重要程度

东道主社区经济依赖于单一产业会导致很多社会和经济问题,混合型经济与极度依赖旅游业的经济类型相比,旅游对后者的影响大得多。这种情况下,旅游文化的涵化进程更容易进行。

(5)旅游发展速度与当地社区的容忍度

一个自发地缓慢演进到成熟阶段的旅游目的地所经历的变革比新兴旅游目的地小,旅游发展速度影响涵化进程,当旅游发展速度过快时,东道主社区的文化涵化也快。同时,东道主社区的文化容忍度也是一个影响涵化的关键变量。东道主社区较小时,通常文化容忍度也较小,此时旅游对社区文化的影响就比较大,涵化也更容易发生;相反,旅游对社区文化的影响就比较小。这里需要指出的是,社区较大并不必然意味着文化容忍度高,文化容忍度不但与社区的规模有关,还与社区固有文化类型有关。文化类型越传统,形成时间越长,其排他性也越强,容忍度便越低,现代文化社区较传统文化社区的文化容忍度更高。

2. 文化涵化的类型

正如我们在前面讨论的,文化涵化往往通过"借鉴"得以实现,并且这种"借鉴"通常是双向的,每一方都会通过"借鉴"另一方的文化因素使自己的文化产生某些变化。但事实上,东道主社区涵化的过程并不是互相借鉴这么简单。西方的人类学者都对较发达的西方游客和欠发达的目的地居民间接触引发的涵化更感兴趣，而且大都假定了双方的统治和从属关系。形成"借鉴"是由于旅游主客互动的文化接触（发达与欠发达之间）具有不对称的特点，原因是较发达文化中的西方游客以这种或那种方式对欠发达的目的地人民施加决定性的影响。紧随这一观点的是"帝国主义"观点，这一观点在总想支持这个世界的不幸者的人类学者中引起了强烈共鸣。努涅斯设想的这种"不均衡的二元对立"互动模式被以多种不同的方式表达，如发达国家和发展中国家、西方和非西方、中心和边缘、工业化和前工业化、北方和南方等。可见研究成果之丰富。由此可见，旅游主客互动引起的涵化是以一方战胜或主导另一方的方式实现的。在两种文化的接触和交流中，如果一方属于"高文化"，另一方属于"低文化"，那么，前者对后者所施加的作用和影响远远大于后者对前者的影响。

但是，对旅游稍有了解就能明白这种"非均衡的二元对立"的旅游主客互动关系的局限性。它只是当今国际旅游的一部分而已。可见，涵化的形式不止一种战胜另一种这么单一。在涵化过程中，很多事情都可能发生。如果两种文化丧失了它们各自的认同而形成一种单一的文化，就发生了合并和融合，这就是美国的英裔美国人文化"熔炉"意识所表达的意思。据此，在旅游跨文化沟通中，东道主社会文化可能涵化为一种新形态，这里既不是原东道主社区文化占主导，也不是旅游者所带来的文化占主导。

然而，有时候，其中一种文化会丧失其自主性，但却作为亚文化继续保持其身份，以等级、阶级或种族群体的形式存在。在旅游跨文化沟通中，也会存在这种形式的涵化，比如某种文化的旅游者长期到某东道主社区的某一区域度假，并在此形成了一个固定的圈子和范围，他们在东道主地区形成了一种新的文化模式，这种文化已经不同于他们的本源文化，其无法在东道主社区占主导地位，因此成为东道主社区的文化"国家公园"。

由此，我们可以得出旅游主客互动引起的三种涵化模式：第一种为"非均衡二元对立"涵化模式，这种模式中一种文化占有绝对优势，并战胜对方，表面看具有两种子类，其实只有一种表现形式，那就是东道主社区文化因游客的影响而发生巨大变迁，进而导致涵化。这是当游客的文化战胜东道主文化时的表现形态，而当东道主在文化接触中交锋取胜时，就不会导致涵化的发生。第二种为"熔炉"模式，这种模式的涵化是以文化接触双方均失去自身认同并形成一种新的认同而完成的。这时，东道主的文化和游客的文化均丧失主导地位，并在接触中形成了一种新的文化。第三种为"国家公园"模式，这种模式的涵化以某一方丧失其自主性，但作为亚文化而存在为表现形式。游客将文化带到东道主社区，并在某一区域形成固定的范围，在这里游客文化已经不同于其本源文化，并在新家园丧失了其自主性，但东道主也没能同化它，这一新文化成了东道主社区的文化"国家公园"，被"划定区域"保护起来了。

## 第三节 旅游跨文化整合与转型

### 一、旅游跨文化整合

文化整合是指渊源和特征均不相同的文化相互吸纳、重新组合的过程。它是文化涵化的结果，是文化系统内各文化因素、文化丛之间的协调平衡关系。各种文化因素、文化丛之间相互吸收、融合、调和而趋于一体化就是整合。文化不仅有排他性，也有融合性，特别是不同文化接触时，必然会有相互吸收、融合、调和的一面，由此逐渐形成一种新的文化系统。各种文化因素或文化丛通过整合形成新的文化系统或文化地域综合体。跨文化沟通中，有了文化的整合，才有文化的传播。文化涵化的对立面是文化休克、文化冲突。文化涵化引起文化整合，而文化冲突则不能引起文化整合。

### （一）文化整合的两层含义

为了比较和分析起见，社会学者将文化分解成许多看起来分离的部分。这种区分是武断的，文化本身具有整体性，它是一个系统，所以始终如一地考察文化某一方面的学者，发现也有必要考察文化的其他方面。如同在任何系统中，为了发挥作用，文化的各个方面必定合理地整合在一起。因此，文化本身就是整合的，这既是一种状态，也是一种过程。它调整系统内外部的各要素，使它们和谐相处，共同发挥作用，并最终达到一种和谐统一的整合状态。

1. 内整合

内整合是指文化系统内部的理念、价值观、行为、制度等各方面的统一、融合、协调关系。文化系统的内整合如同自然环境中各要素之间相互作用、协调的关系一样，如果某个要素的变化超出了限度，就会导致整个系统的不协调。文化系统的内整合主要的含义是，某一文化系统在历史发展过程中不断适应新的时代特征进行文化的创新和发展。文化是人类的适应系统，随着时间的推移，某些文化因素会出现不能适应新时代的需要的问题，因此我们须根据变化做出调整。文化系统的内整合通常是某一文化主体在适应历时性困境时做出的文化调整。

2. 外整合

外整合是指某一文化系统在遭遇另一文化冲击时做出的协调、调和。这种整合需要一定时间才能完成，是某一文化面临外来文化挑战时以一种包容的态度做出的调整。外整合是某一文化主体在适应共时性困境时所做出的文化调整。

### （二）旅游文化整合

现代旅游跨文化沟通和文化传播的趋势必然伴随着文化整合和文化冲突的对立统一。在旅游主客互动过程中，旅游者所携带的异质文化与东道主社区文化之间不可避免地发生接触、碰撞、冲突和融合。旅游者在吸收东道主社区文化符号或价值观等元素时，也将自身的文化元素传播到东道主社区，这种吸收与传播是一个潜移默化的过程，伴随着相当的强制性。文化整合实际上是不同文化通过涵化而重新组合。

俗话说"不打不相识",文化冲突总是如影随形地伴随着旅游跨文化沟通与交流。但冲突不是目的,它只不过是文化整合的一种反向作用力而已。因此,虽然文化冲突暂时地影响着文化整合,但文化自身的整合特质决定文化必然走向整合。当代旅游也不会因为发生文化冲突而停止文化整合的步伐。旅游促进文化整合,为文化整合提供了桥梁和纽带。具体而言,旅游的文化整合表现在如下三个方面。

1. 旅游者与东道主的友好互助

旅游跨文化行为双方的友好互助体现在多方面。首先,这种互助集中体现在东道主社区旅游服务人员为游客的旅游活动的完成提供各种服务,而旅游者给予适当的经济补偿。在这个旅游消费过程中,不光是赤裸裸的交易关系,互动双方也有情感投入,而这种有情感投入的交往就是友好互助的一种体现。其次,这种互助体现在东道主一般居民与旅游者之间的交往与互动。游客在旅游过程中,通常会与目的地居民进行交往。在非制度化旅游者中,这种交往会更深入,他们甚至会和当地居民交上朋友。东道主和游客的友好互助在某些自然灾害发生的情况下,会表现得特别显著,这时,他们抛弃成见,互助互爱,共渡难关。2004年印尼海啸、2008年汶川地震过程中,旅游者与东道主之间友好互助的感人故事非常常见。这种主客双方的友好互助体现了各种不同文化在普世价值观的强大感召力下进行的深度文化整合。

2. 现代企业制度在东道主社区的移植和扎根

由于很多旅游目的地在经济欠发达国家,因此在旅游开发中,发达国家的介入成为很普遍的现象。纳什在其《旅游人类学》中就以西非小国冈比亚的旅游业发展为例,说明外来资本的介入对目的地的影响。决策和技术集中在有能力垄断市场的跨国旅行企业或连锁旅馆手中,这些企业遍布于世界所有地区,包括西方和东方的各大城市,直至北半球和南半球最偏僻的小岛。旅游业还有能力介入起初与旅游并无关系的手工业、传统节日、部族保留地,这一切使旅游成为世界经济体系中地区经济和周边经济现代化最强有力的因素之一①。旅游业给东道主社区带来了冲突和文化矛盾,同时它也包含了积极的文化整合因素,它使东道主旅游环境中某些落后的文化因素得到更替,使社会文化得到有益的整合。

## 二、旅游者文化身份的转型

"文化身份"既是某一特定的文化特有的,同时也是某一具体的民族与生俱来的一系列特征。这些特征包括了价值观、语言、家庭、生活方式和精神世界五个方面。个体的文化身份形成于区域的民族的历史和群体的文化认同中,并与其生活环境密切相关,由此我们可以推断,一个人的文化身份会随着其生活环境的改变而变化。旅游者在离开常住地时,就在改变生活环境,因此其文化身份也会发生一定变化。就单个旅游者而言,生活环境的改变使得旅游者本我的文化身份随之改变,不论以前旅游者的文化身份如何,这时他的文化身份就是旅游者。

### (一)"旅游者"文化身份

1. 现代性语境下的旅游者文化身份

有学者认为,旅游者最开始是作为经济学意义的"非理性人",后来逐渐被看作引起东道主社区文化变迁的"破坏者",是现代性繁荣富足背景下的"碎片",是"不完整的人",他们追求"虚假事件"。麦坎内尔(Maccannell)和格雷本(Graburn)否定了这种看法。②麦坎内尔认为,旅游者是"一般意义的现代人"的典型,是"完整的人",他们追求"原真性"体验。格雷本(Graburn)认为,旅游者是一种现代的"朝圣者",他们不但在寻找一种家居生活所缺失的原真性,而且也力求使受家庭与工作限制的精神与娱乐保持完整。以色列著名社会学家科恩运用渐增性定义,根据旅游者对熟悉度和新奇度的不同追求,划定了旅游者的连续谱(从团队大众旅游者到漂流者)。格雷本后来专门撰文对旅游者进行了重新定位,将其界定为"社会学家"和"一般意义的现代人"。在这里我们可以看到，无论学者们的观点是偏执一端，还是面面俱到，他们对于旅游者文化身份的界定都是在一种确定性的"二元对立"语境下展开的：虚假和真实，碎片和完整，朝圣和游戏，熟悉和新奇……而这正是一种现代性语境。在这种语境下，无论我们对旅游者做何种肤浅或是深刻的界定，至少有一点是可以肯定的——旅游者不是东道主，他们是和东道主相对应的一种文化身份和存在。

2. 后现代性语境下的旅游者文化身份

道格拉斯·凯尔纳（Douglas Kellner）认为，身份是贯穿于整个现代性中的问题。身份认同在现代社会中并没有消失，而是被重建和重新界定[a]。这种重新界定使身份成了一个选择游戏，变成了"自我"的舞台表演，大家任意改变身份。鲍曼（Bowman）表达了不同的观点，他认为，如果身份是个问题，那也不是贯穿于整个现代性的问题。事实上，现代性的身份问题是如何建构身份，并使之保持稳定；而后现代的身份问题则是如何避免固执，而保留选择的机会。现代性的口号是"创造"，而后现代的口号则是"回收"。可见，当下背景中，我们的文化身份认同是一个动态的变化机制，不再是稳固的固定形象。鲍曼进一步用旅游者形象分析后现代背景下的文化认同问题。他认为，旅游者是朝圣者的后继者，是一个很好的研究后现代文化身份认同的范例，他们如同流浪者无处不在，又不属于任何地方，他们栖居在正常社会边缘。但这种文化身份与流浪者的不同之处在于：首先，他们的移动是有目的、有原因的；其次，他们有自己固定的家。因此，旅游者成为后代现代性一个很好的隐喻：他们不属于某个固定的中心，他们处在边缘，但即使如此，这也不是一成不变的，他们正向中心推进（越来越多的人成为旅游者，旅游者和东道主的边界越来越模糊）；他们对空间有着执着的追求，追寻远方以寻找家的意义，重新诠释"家"的内涵，总是保留着选择的机会，不固守于某一处。总之，从后现代性视角看待旅游者，其文化身份是不断变动的，动态建构的；与现代

---

a　周毅，刘洋. 旅游文化［M］. 北京：中国人民大学出版社，2016.

性背景下清晰的图景旅游者—东道主的二元对立不同,旅游者与东道主的文化身份边界越来越模糊。

3. 旅游者群体与文化身份

旅游已经成为一种越来越普遍的文化现象。一方面,越来越多的人加入这种活动中来,旅游成为当代人生活中的重要组成部分,构成了当代文化因素的重要部分;另一方面,旅游者每个旅游者的个性不同,旅游动机不同,追求旅游的意义都不一样,因此旅游者群体呈现多元化发展格局。这样一来,旅游者构成的旅游社会团体越来越多。自由旅行的背包族,喜欢户外运动的"驴友",偏爱"在路上"文艺气息的结伴旅行者,追求刺激的冒险旅游者,享受更多便利的团队大众旅游者等,这些群体的不同类型构成了相应的不同"旅游者"文化身份。属于同一群体的旅游者,尽管他们的自身文化身份各不相同,但却一定程度上具有高度一致性,如同样的兴趣爱好,同样的旅游偏好,相似的文化价值观等,这些不同于原本文化身份的要素成了旅游者新的文化身份。

### 三、旅游目的地文化的重构

在旅游跨文化互动行为中,主客双方的互动关系引起东道主社区文化变迁,这种文化变迁会同时影响旅游目的地文化的重构。这种文化整合与转型过程既包括旅游吸引物的重构,也包括东道主社区因旅游迁移导致的文化身份重构。

#### (一)旅游吸引物的重构

旅游吸引物是一个符号系统,是景物、标志和旅游者之间的关系。根据符号学的观点,符号是主客体的统一。旅游吸引物的符号化特征为我们重构旅游吸引物提供了可能。在现代性语境中,旅游吸引物以对"现代性"的反叛,在"我者和他者""现代和非现代""虚假与真实"等二元对立框架中,以"差异化"为基点被建构。进入后现代语境,二元对立瓦解了,事物的边界因为"移动性"而变得模糊。"自我与他者""虚假与真实"不再截然二分,现代性中旅游吸引物构建的"差异化"基点被瓦解了。在此背景下,旅游吸引物的重构应该从三个方面入手:首先将打破"异地"与"家"的边界。人们日常工作、娱乐、购物、休闲、运动等活动的场所都可以作为旅游目的地被建构。其次将消除"过去"与"现在"的对立。将离我们很近的事物也拿出来展览,供我们凝视。我们拥抱现代性,超越现代性,将它也放进橱窗展览。最后,我们超越"原真性",打破"真实"与"虚假"的截然二分。"假作真时真亦假",既然"真实"本来就是建构出来的,那么还有什么真正的"真实"?关键是我们"体验","真实"已经不再重要。人们不再追求传统吸引物的"原真性"和"怀旧",而是追求事物甚至社会生活的"美感化","视觉消费"因而成为后现代的消费主题。因此,超越"真实"是后现代语境下建构旅游吸引物的核心所在。

### (二)旅游迁移与文化身份

在旅游跨文化主客互动中,旅游活动对于东道主社区的影响还包括旅游业侵入东道主居民的生活领域。在这种情况下,便会发生居民、从业人员、游客三种人口迁移活动。本地居民的迁移是因为东道主地区为了旅游开发或资源保护而迫使当地居民迁离居所;从业人员的迁移是因为旅游发展导致的外来经商人口、劳动力的迁入,或本地外出务工人员的回流;游客的迁移是由于在东道主地区的游客出于对东道主地区环境和氛围的喜爱而移民或购买第二居所。这些情况都会导致旅游主客双方文化身份认同发生改变。

### (三)开发迁移

开发迁移是指为了旅游开发而使当地居民迁离自己居所的情况。开发迁移既是当地政府对于发展和现代化的需要,也是全球跨国公司的战略需要。这种迁移往往是有计划的政治决策的直接后果,是旅游开发中政府、资本与当地社区之间力量对比关系的反映。通常情况下,在这场较量中,失利的一方总是东道主居民。这种迁移会导致诸多后果,迁移者失去的不仅是经济财产或社会文化特质,还包括承载其原来的生活方式和文化特质的生产性基础。其中最重要的就是迁移者文化身份的改变。人们的财产、经济资源甚至生活基础从原有家庭和社区控制下分离，社会联系和对社会群体的经济依赖断裂，文化特征与价值观被破坏，甚至有可能造成人们生活中的断层与混乱。

### (四)季节性迁移

季节性迁移是指因旅游季节性特征而在旅游旺季迁入、淡季迁出的人口移动现象。这种迁移主要涉及旅游从业人员和季节性度假游客。旅游从业人员的季节性迁移主要是因为经济原因，他们想在旅游旺季寻找一份赚钱的工作，这种"候鸟"从业者由于不是常年居住在目的地，因此社会文化认同感不如其他从业人员高，与社会的疏离感也会超过其他人员。而季节性度假游客由于其短暂居住在东道主地区，对东道主地区的影响比一般旅游者大。

## 第四节　文化冲突与文化休克

### 一、文化冲突

英语中冲突一词是 conflict，它由两个部分组成，"con"为拉丁语词根，其含义是"一起"，"flict"是拉丁语"fligere"派生出来的其含义是"撞击"，简单地说就是"一起撞击"的意思。它是指矛盾着的两种事物相互对立、相互斗争的表面化。不同事物之间的相互对抗、碰撞等都属于这个范畴。不同民族和团体的文化，有不同的世界观、价值观、文化传统、制度和行为准则，并且常常各自以其文化为优越，视其他文化为危险物。当它们在传播、接触的时候，便产生了竞争、对抗甚至企图消灭对方的情况，这就是文化冲突现象。

#### (一)文化差异与文化冲突

文化差异是跨文化行为的起点，这种文化特征上的不同体现在社会文化的各个方面。在旅游跨文化交流中，这种文化差异体现在交流中语言和非语言的差异、社会范畴的差异、社会行为规则的差异、服务中的差异等方面。文化差异是产生信息误差的主要原因。由于信息发送者不了解接收者与自己的文化差异,在信息编码过程中,将信息转换成了不得体甚至冒犯对方的信息符号;而信息接收者也不了解发送者的文化背景,简单地用本文化的习惯去解码,或因对信息发出者的文化一知半解而误解了收到的信息,这就导致了文化冲突的发生。一般而言,文化差异越大,跨文化交流中所产生的信息误差就越大,文化冲突的可能性和强度也就越大。

### (二)文化认同与文化冲突

文化认同是一种个体被群体的文化影响的感觉,其表现在政治、经济、伦理、宗教、语言、观念等各个方面。一般说来,文化认同就是对自身文化身份与地位的一种自觉和把握,是对本我文化的认知。作为自我概念(self-concept)的重要部分,当个体处于母文化环境中时,这种认知是不大会被个体察觉或强烈感受到的,但当个体离开自己的母文化环境进入其他文化空间时,他对自身文化的认同才变得强烈起来。因此,跨文化行为在很大程度上能够使个体的文化认同凸显出来。然而过于强烈的文化认同会对自我文化产生一种极端的"种族中心主义"(ethnocentrism),这种观点认为只有自己的文化才是正确的、优质的,其他所有文化都是错误的、低劣的。"种族中心主义"有两个不同的组成部分:一方面将自己的文化看作是"理所当然"的;另一方面,又常与自我民族、国家和文化的"优越感"联系在一起。此种情况最容易导致文化冲突。

## 二、文化休克

文化休克(cultural shock)是文化人类学术语,也译为"文化震惊""文化冲击""文化震荡"等,用来表示当人们面对自己不熟悉的社会文化符号和行为时所产生的焦虑现象。文化休克起初用来对在另一种文化中生活较长时间的旅居者(包括留学生、外交官等)的经历进行分析,现在也用来分析旅游者行为。它是指个体遇到不同文化时的一种较强烈的冲击体验。这种冲击是由于在某一新文化环境中人们无力应对而造成的。人们由于过度承受了各种不能理解的陌生的刺激，面临着不同的生活方式和处事方式，于是丧失了提出问题、理解问题甚或是辨认事物的能力。文化休克通常发生在文化差异较大的两种文化遭遇时，其强度较大。

### （一）文化休克的症状

很多旅游者在出境旅游过程中遭受"文化休克"，但不同个体受其影响的程度差异却非常大。虽然并不普遍，但仍然有人根本无法在国外居住。那么我们怎么判断某个人是否遭受了"文化休克"呢？在跨国旅游中，你可能出现以下症状：过度洗手；对饮用水、食物、菜品和寝具的过度关注；惧怕与接待人员和服务人员进行身体接触；因延迟和小挫折而愤怒；对欺骗、抢劫和受伤害的过度恐惧；强烈的回家的渴望；等等。那么，你应该警惕，你很可能遭受"文化休克"了！

具体而言，文化休克的症状可以大致划分为两大类：生理症状和心理症状。生理症状主要有：对健康和安全的紧张、过度洗手、酗酒、吸毒、过度关注清洁状况、厌食、四肢无力等。心理症状主要有：失眠、倦怠、孤立、孤独、方向感错乱、疲惫感、易怒、自我怀疑、沮丧、挫折感等。

文化休克是一种病，严重者甚至导致自杀。

### （二）旅游中的文化休克

在旅游跨文化沟通中，特别是跨越国界进行主客互动时，由于主客双方的文化差异，旅游者常常体验到文化休克。当旅游者跨越国境线，到异国他乡，他们会与东道国的机场工作人员、出租车司机、酒店工作人员、商店服务人员、警察等各色人员遭遇。由于语言、行为方式、价值观念的差异，沟通受阻，旅游者就会感觉紧张。他们不知道东道主会怎么对待他们，而东道主的行为方式对旅游者而言也往往是奇怪的。同一种行为，在某一种文化中是恰当的，而在另一种文化中则可能不恰当，甚至是冒犯的、粗鲁的。处于外国文化中，游客常常不明白如何对他人进行问候在交谈中如何，展开话题，在什么时机给服务员多少小费，这些问题都会让他们困惑，并使旅游困难重重。因此，要实现与外国社会的旅游跨文沟通，了解并尊重东道主地区的价值观、各种规则和风俗习惯就变得意义重大了。

事实上，文化休克对旅游者的影响会因旅游者类型差异而不同。团队大众旅游者因受旅游业"环境泡"的保护，遭受文化休克的可能性较小，程度较轻。而突破旅游业"环境泡"的"漂流者"由于深入东道主社区文化，会面临很多文化冲击，因此遭受文化休克的可能性就较大，而且程度较强。

通常我们认为，文化休克发生在游客一方。可皮尔斯(Pievce)等研究证实，东道主群体也会受到文化休克的冲击。旅游主客双方相遇使双方都倍感压力，因为他们都面临新的价值观、行为方式、风俗习惯。而当东道主对游客来源地文化毫无了解或知之不多时，游客来临带来的文化冲击就会更大。

### （三）旅游文化休克的阶段

1. 蜜月期

这一阶段旅游者主要呈现出迷恋、惊喜和乐观的特征。初到旅游目的地，旅游者对新的文化环境充满期待，内心兴奋、情绪高涨，对旅途生活有着美好的憧憬，对所见人物、景致、事物等一切都很满意。这一阶段持续时间较短。

2. 敌意期

这一阶段旅游者开始经历东道主社区生活多方面的不适应，并开始抵触当地文化，更多地与自己的旅伴或同文化背景的人交往。这种不适应有两种表现：敌意和回避。

3. 调整期

经历了"敌意"阶段后，旅游者尽力去适应东道主文化，尝试与本地人接触，了解其语言、饮食文化、风俗人情等，慢慢接受文化差异，并最终欣赏当地文化。

4. 调适期

在此阶段，旅游者处于既想回家又想继续留在目的地的矛盾心理。此时，他已经接受了文化差异，并将其视作一种独特的生活方式。

5. 反向休克期

此时旅游者已经回到家中,经历着从适应东道主文化到回归母文化的第二次文化转换,再次感到不适,如同"醉氧"。

6. 重新调整期

旅游者为了能重新投入工作,不得不调整心态,重新适应本土文化的行为方式和习俗。一般对于旅游者而言,因为离开时间不长,重新调整比较容易。

对文化休克进行阶段分解,对于我们深刻认知旅游跨文化互动中的文化休克现象有着重要的意义。同时,基于这种分解还可以进行运用型研究,以提高旅游跨文化互动的效率。

# 第五章　旅游文化传播媒介的传播策略

## 第一节　网络媒介的传播策略

### 一、社交平台的传播策略

从心理学来讲，人们在尚未决定旅游之前，就可能已经接受了来自旅游地的文化、风土人情等各类信息，并在一段时间内会下意识地主动关注旅游地的相关信息，从而会对旅游地产生向往，同时也会将现有的信息碎片整合，构成对旅游地的印象，而这就是本底感知形象。这一形象虽然是日积月累形成的，但会在人们的内心留下很深的印记。因此，在进行旅游文化传播和推广过程中，要尽可能地在更多潜在旅游者的心中，确立对旅游地的本底感知形象。鉴于本底感知形象形成的特殊方式，微博、微信公众号等社交平台将会是最好的传播媒介。因为随着移动互联网的发展及无线的广泛覆盖，在快节奏的社会中，人们更倾向于利用碎片化时间接收简短精练的信息。社交平台凭借低成本、操作便利、即时互动的特点，成为大众沟通交流和获取信息的重要方式。面对其广阔的用户市场及强大的传播力，各行各业组织纷纷入驻，旅游目的地各利益相关组织也不例外。

而微博、微信公众号等社交平台的碎片化信息特征，也将会影响旅游文化在社交平台上的传播和推广的方式，甚至各个社交平台上的宣传方式都会有所区别。

除此之外，小红书、知乎、大众点评等平台，也会有更多关于旅游景点景区、旅行行程分享、旅行游记、地方特色餐饮产品、客栈民宿等方面的介绍，从而给潜在旅游者提供更多的旅游地详细信息[①]。相较于微博、微信公众号等社交平台的推广传播方式，小红书、知乎、大众点评等平台，将更加注重分享式的旅游体验，或者是一些旅游地虚假宣传排雷，以及相关产品的评价等方面的内容。这种平台的宣传推广更多的是游客自主行为，因此很多潜在游客在进行旅游地旅游之前都会到这些社交平台查询攻略。但无论是什么样的社交平台，在进行旅游文化传播和推广的过程中，都会注重信息发布者与用户之间的互动。尽管信息发布者有可能是旅游地的官方发言人，也有可能是曾经的旅游者，但观看、浏览信息的用户，都是潜在的旅游者，因此这种互动是能够提高旅游文化传播和推广成效的。

## 二、短视频形式的传播策略

时下短视频发布平台的发展可谓是风生水起，相较于社交平台上发布的内容，如抖音、快手等平台发布的内容将更容易被人们所理解，同时短视频的创作门槛较低，且短时间内就可以实现，这将能够得到更多创作者的认可与支持，而这也是抖音等短视频平台迅速火爆全国的关键。大多数的人们利用简短的时间进行观看，并点赞支持，或留下评论与抖友们进行互动。其实短视频平台重视用户与用户以及信息发布者与用户之间的互动，相对于微博等社交平台的官方宣传，抖音等短视频平台上的官方宣传将更加注重趣味性，会呈现出更直观的视觉感受，也更适合全年龄段的潜在旅游者。因此，在抖音、快手等短视频平台上进行宣传时应注重旅游信息的直观表达，不论是旅游风景和路线的展示，还是历史文化发展的历程，都要尽可能简化，并将重点内容突出出来，从而被更多年龄段的用户所了解。

此外，在抖音、快手等短视频平台上做旅游文化的传播时，也应注重信息传播的趣味性。因为抖音等短视频平台上所发布的短视频作品时长大多都不会超过一分钟，同质化的内容，会使人们审美疲劳，缺乏趣味性和没有重点的短视频作品将不会受到更多用户的喜爱，从而也不会有粉丝基础。当然，发布短视频的效率也将会是在抖音、快手等短视频平台上进行旅游文化传播的重点，因为只有尽可能多地发布短视频，才有可能被更多的人注意到，才能够获得更多的粉丝基础。

**三、微信推文和网页推文、朋友圈的传播策略**

2011年微信出现并率先在年轻群体中广泛使用，凭借其即时语音与视频通信功能及低廉的资费等显著优势迅速席卷各年龄群体。而依托于微信平台的各类自媒体形式也借助微信的兴起而迅猛发展，因此微信公众号和朋友圈的宣传形式也得到了越来越多商家和旅游从业者的关注，从而演化出了微信推文等形式。

与此同时，今日头条、百度等新闻或网页平台，也在自己的平台中发布类似的推文，并形成了以文字为主导的推文宣传方式。这种类型的推文的信息发布者都以旅游者的身份自居，而推文的内容也是以旅游过程为主。这类营销手段成本相对较低，机动性强，运营维护操作也较为简便，因此成了很多商家、企业甚至是明星常用的宣传手段。此外，这种推文形式的旅游文化传播也能够得到一大批文艺爱好者的青睐，利用旅游者的身份，能够得到更多用户的信任，有效地使用户感受到旅游地的独特文化。

而通过微信朋友圈平台投放宣传资料，并邀请朋友点赞、转发等方式，也成为不少旅游行业从业者们当下普遍选择的低成本宣传方式。因为这样做不仅能够增加旅游者与旅游地的联系，同时也能够借助这样的"熟人"，更好地吸引更多的游客。这两种旅游文化的传播方式，都是借助旅游地的好口碑来吸引更多的游客。因此，针对这种传播方式的策略是利用原有游客基础，继续卖"安利"，让更多的"吃瓜群众"来旅游地"拔草"，并逐渐扩大游客基础，扩大潜在游客范围。

**四、专业性旅游门户网站的传播策略**

当互联网时代到来，网络与旅游产业的发展也结合得十分紧密，携程网、同程网、去哪儿网、途牛网等专门的旅游门户网站也迅速崛起。在这些网站中，旅游者可以查找到关于旅游地的大量有效信息，包括住宿、旅游线路、美食、相关活动等攻略，能订酒店、购买景区门票、预约旅游大巴等，还具有火车、飞机等订票的功能，可以说是旅游者必备的网站。因此，针对这种专业性旅游门户网站的传播策略就应该是更加真实有效的内容。因为很多旅游者在这些网站上浏览时，多半是已经下定了决心要去旅游地进行旅游，甚至可能已经在旅途上了，因此在这里应该是以实际的路线、发团方式和信息，以及酒店的具体详情、剩余客房等真实且具体的信息为主了，这将能够促使旅游者更快速、放心地下单。

## 第二节 传统媒介的传播策略

### 一、电视视频、宣传片的传播策略

尽管利用电视播放旅游宣传片的旅游文化传播形式，在现在看来有些过于老套，但事实上，这样的旅游文化传播方式还是行之有效的。我们都十分清楚，电视上所播放的节目都是国家相关部门制作并准予播放的，看电视虽然是一种个人行为，但利用电视进行宣传却是一种国家行为。我们也许不那么相信某些企业或个人，但我们却没有理由不相信我们的国家。因而，电视上所宣传的旅游文化也是旅游者们能够信任的，而有了这一层的信任，旅游者们也会更加放心和大胆地来旅游地旅游。同时，智能手机的广泛应用，使得高清旅游文化宣传片的播放毫无压力，由专业人士拍出来的照片和视频，整体效果一定会高于个人的拍摄作品。也许发布的内容时间间隔较长，但可以保证精品级的宣传内容，旅游者们也会对这一旅游文化传播形式给予更多的信任，并形成良性循环。

虽然我们更喜欢刷手机，也很依赖互联网，但事实上，看电视的习惯依然存在，而新兴社交媒体、营销传播系统越来越繁杂的现实也让旅游者们在进行旅游信息甄选时大费脑筋，因此传统电视视频、宣传片的传播策略依然能够得到旅游者的重视。但鉴于旅游者对于饮食、住宿、交通、娱乐等方面的个性化需求，在仅用电视视频、宣传片等方式进行旅游文化的传播时，应更加注重突出此部分的渲染，从而吸引更多的旅游者。

**二、宣传彩页的传播策略**

与电视视频、宣传片的传播方式相同，宣传彩页的传播方式虽然十分古朴，但应用在当前的互联网时代也依然具有一定效用，只是使用方式应发生改变，也应更有针对性地选择人群。因为宣传彩页的发放不仅会对环境造成污染，还会浪费自然资源，在可持续发展盛行的今天，这样地浪费自然资源和污染环境是不能容忍的。所以旅游文化宣传彩页的传播策略应具有一定的针对性，并且应该向电子彩页的形式发展。例如，当旅游者到达甘肃省境内，自火车或飞机等交通工具下来以后，就会有景区的工作人员负责景区介绍等工作，并引导旅游者自行取用旅行宣传彩页。这将大大提高旅行宣传彩页的使用率，同时还能更有针对性地为游客进行旅游景区的讲解，避免旅游者误入旅游陷阱中。再比如，可以利用彩信、微信公众号等形式，向旅游车发送电子版宣传彩页和景区地图，方便乘客进行游览。

这种形式的旅游文化宣传虽然形式老套，但更有针对性和更符合互联网时代的宣传推广，也能够使传统宣传手法焕发新的生机，这种新、旧结合的宣传策略显然更兼具两者的优点。

## 第三节 以多种形式为主导的旅游文化传播策略

### 一、品牌 IP 为主导的传播策略

很多旅游地发展了一段时间后，会形成一定的规模和影响力，而借助这些规模和影响力，旅游地的品牌 IP 也会逐步建立起来，因此，以品牌 IP 为主导的传播策略是旅游地文化传播发展的必然结果。在这方面做的相当成熟的是北京的故宫博物院，以及遍布全国的迪士尼乐园。尽管和旅游品牌的发展方向并不相同，但最终都以独特的魅力被大众所知晓，并成了旅游从业者的学习对象和旅游者的必去景点，甚至还与很多企业形成了合作。比如，故宫博物院与国产化妆品品牌合作推出故宫系列彩妆，迪士尼与各大国际服装品牌联名推出服装、包等产品，并创造出了属于自己的文创产业，同时还在淘宝等电商平台建立了自己的旗舰店。这些都是品牌 IP 所带来的影响力，而这种影响力，也值得各省市的相关景区、景点关注和学习。因为，未来品牌的力量将会更加强大，而借助品牌 IP 的力量进行旅游文化宣传也将会更有说服力。互联网时代背景下，不论在哪种行业中，只有形成了品牌 IP，才具有品牌影响力，才能在进行旅游文化传播的过程中拥有更多的话语权，才能获得更多企业合作的机会，才能在潜在旅游者的心中留下更深刻的印象。因此，为从长远计，尽早建立品牌 IP 是非常明智的选择。

### 二、文创产品为主导的传播策略

以旅游产业和旅游文化为依托而诞生的文创产品，不仅是传统旅游纪念品的升级版、精品版，更是旅游地历史、文化的传承品，是具有一定代表性和文化性的产品。因此，文创产品面世以来一直受到了社会各界人士的喜爱，也将更有效地

推动人们了解旅游地的文化特征。例如，敦煌博物馆推出了飞天系列文创产品，其精美的画风延续了莫高窟壁画的华美飘逸，也承载着中华民族几千年来历史与艺术的双重积淀，更在设计和研发过程中遵从了现代人的审美和生活方式。可以想见，这样的文创产品将会是颜值与实力并存的产品。

未来文创产品的设计和创作的范围将会更加广阔，甚至可以涵盖生活的每一个方面，更会在一定程度上成为人与人之间相互表达友好的重要礼品。这样的发展方向，将会对其旅游地和旅游地文化的传播更加有利，并在某种程度上促进旅游品牌的形成和发展。

### 三、以饮食文化为主导的传播策略

中国人认为"民以食为天"，一日三餐是中国人生活中非常重要的一部分。中国幅员辽阔，不同的地区有着不同的美食，几乎中国每一个城市都有当地的特色小吃。再加上中国人本就好吃，更有喜好品尝美味的"老饕"寻找美味，因此，以地域独特的美食文化为主导，进行旅游地文化的传播亦是可行的。

例如，甘肃由于地处西北，除汉族外，少数民族有很多，在多民族混居的城市里，各少数民族至今仍保留着质朴敦厚的民风民俗，因此其美食很有当地的地域特色。无论是遍布大江南北的兰州拉面，还是烤全羊、羊杂碎等特色风味美食，都能够吸引众多爱美食的旅游者前来品尝。通过这些地方特色美食，旅游者们也可以换一个全新的视角来了解甘肃独特的地域文化，甚至可以通过甘肃美食的主要食材，分析出当地特殊的地理环境和气候。

当然，饮食文化作为旅游地的特色文化之一，品尝当地特色美食，也算是体验了当地特色的文化。

### 四、以主题购物商业街、风情特色民宿为主导的传播策略

在信息技术迅速发展的时代环境下，包括旅游业在内的社会各行业与互联网的融合趋势渐深渐广。主题购物商业街和风情特色民宿，将会是未来旅游产业发展过程中一个特殊且十分具有综合性的领域。尽管，主题购物商业街和风情特色民宿的经济体量较小，一直以来并未引起学者们的足够重视。但其影响力，或者说是对整个旅游文化未来发展的影响却不容小觑，往小了说可以做到吸引人眼球，增强游客体验感，往大了说，它可以促进旅游文化向内涵式、精品方向发展。同时，民宿旅游也利用了当地独特的地域、人文、历史文化，并将这些文化加以传播和继续发展，这对于当地的城市文脉的延续，对于中国民族文脉的延续，都将有积极的促进作用。

主题购物商业街和风情特色民宿在运营的过程中，能够将旅游者带入旅游地独有的文化、艺术、民俗风情中去，从而近距离感受旅游文化，这对于很多旅游者来说都有着较强的吸引力。同时，这种产业模式更与互联网相关，深受网络影响并不断变革调整，能够不断吸引各个年龄段的人群前来游玩和消费。更重要的一点是，主题购物商业街的组成一定是当地独有的文化传承产业，这种产业具有历史的厚重感，有些还可能是传统工艺或手工技法，这不仅是旅游地人民的精神财富，更是全世界人民的精神财富。如果借助主题购物商业街的开发，让这些传统的工艺、手工技法能够在当代社会中得以传承，那旅游地的文化和地域特征也就能够长久地保留下来。这对于旅游地文化的长久传播，旅游地资源的合理开发和利用也是有好处的。

长久以来，风情特色民宿一直是单打独斗式的经营方式，尽管这些民宿的装修很有特色，但因营销、广告成本较高且抵御市场风险能力较差，已不再适合瞬息万变的市场形势。但发展风情特色民宿又是旅游产业发展的必然，因为不仅旅

游者们期望体验到别开生面的住宿环境，更重要的是，风情特色民宿能够将旅游地的文物遗址、遗迹，文化的发展脉络等方面以另一种形式进行储存，这具有一定现实意义，同时也具有未来推广意义。因此，尽管每家民宿的风格各有不同，但他们却共用着同样的宣传媒介和相同的运行机制，从而减少成本和不必要的开支，实现资源利用的最大化。

### 五、以特色体育运动为主导的传播策略

体育旅游是建立在旅游的基础上，具有一定的健身、娱乐等功能性的旅游活动。体育旅游资源为体育旅游提供了基础，而这种基础的构建来源于当地特有的自然、地理、环境、人文等资源，资源的多样性决定了体育旅游资源和项目的多样性[①]。自2017年开始，国家开始正式推行打造运动休闲特色小镇，这种旅游与体育相结合的新形势，将使两个行业迸发出新的生机，也能够给旅游者和运动爱好者提供新的休闲体验。

传统体制下的旅游产业形式较为单一，对于很多旅游者来说，旅游仿佛是走马观花，并不能够真正地感受旅游地的特色风采，而运动休闲特色小镇的开发，带领旅游者尽情在旅游地留下自己的脚印，也能促进旅游地旅游资源和体育资源的进一步开发利用。当然，体育行业也能够借着旅游行业发展的东风，迅速在全国各地蓬勃发展，逐渐影响现代国人对于体育事业的重视，使人们能够更加注重自身的身体健康。从经济发展的角度来讲，这是体育资源和旅游资源互补与互利的合作，也是促进两者融合、共同发展的契机。早在古希腊和古罗马的历史典籍中，就有人们外出旅游参加各种运动会的记载。这说明体育旅游作为一种经济和文化现象，在古代就已存在。目前来看，国外体育旅游发展较早，并且积累了许多成功的开发经验。国外体育旅游开发主要分为参与型体育旅游和观赏型体育旅

游两大市场。从参与型体育旅游的开发现状来看，发达国家优于发展中国家。目前在美国、加拿大、法国、英国、澳大利亚、新西兰、西班牙、瑞士、荷兰等旅游发达国家，参与型体育旅游风靡全球，并逐渐成为一种时尚。比如，滑雪、登山、潜水、帆板、滑水等利用自然景区优势开展的体育运动，就得到了多数国内外旅游者和体育运动者的喜爱和认可，并积极地参与其中。

与此同时，景区也可以举办各种各样的体育赛事，因为从观赏型体育旅游的发展来看，各种世界性的大型国际赛事和体育旅游节，都将成为旅游地的人们和世界各地的旅游者的一项重要娱乐休闲旅游内容，届时会有大量的游客和体育运动爱好者前来观赏。这不仅能推动旅游和体育事业的发展，同时还能极大带动地方经济的发展。大型体育赛事本身就是一个非常庞大的体育旅游资源，规模越大体育旅游开发的价值就越大，如夏季、冬季奥运会，一定程度来讲就是最大的体育旅游资源。

除此之外，诸如世界杯足球赛、洲际运动会、世界大学生运动会、环法自行车赛、方程式汽车大奖赛等也是较大的体育旅游市场。

**六、以科学探究为主导的传播策略**

科学探究旅游作为现代旅游产业中的新生事物，起源于欧美发达国家，并迅速在许多国家和地区得到发展，成为现代旅游产业和科普教育事业中一支不可忽视的力量。而工业科普旅游作为科普旅游的重要部分，它与科技馆、研究机构等开展的科普旅游一样，在旅游产业和科普教育事业中发挥着重要作用。半个多世纪以来，科学探究旅游从欧洲到美洲，再到亚洲，在许多国家和地区迅速发展起来，成为旅游产品体系中的一支生力军，其范围也逐步扩大，从最早的参观企业生产场所、生产过程，延伸到科研机构、大学、科技馆、博物馆、天文台、气象站等领域，还出现了相关的以主题公园、营地等为依托的科学探究旅游形式。

如果说传统的旅游文化是以宣传旅游地别致景色，弘扬旅游地文化为主，那么现在的旅游将会更加深入，并针对当地的文化进行深入探究和了解，甚至会对当地的高科技产业进行旅游资源开发。科学探究旅游既是一项科学事业，也是一项旅游事业，科技和旅游是紧密地结合在一起的。通过游览和观赏科技景点，达到身体和精神层面的愉悦是科学探究旅游的初始动机和主要目的。而通过了解和体验科技知识，达到思想和文化层面的升华，则是其核心内容和最终结果。因这一旅游形式对于旅游者有启发性，对旅游地科技文化有传播性，所以，这种旅游形式也得到了很多学校和爱好高科技旅游者的青睐。随着国家对于科学教育的愈加重视，对孩子们研学活动的认可，以科学探究为主导的旅游，将成为各大中小学热烈参与的旅游项目，同时也能够成为寒暑假期有孩子的家庭所备选的重要旅游项目之一。

这种类型的旅游形式最大的特点是能够将旅游地的人文文化、历史、地理等特征与相关科技、工业等产业的知识结构相结合，能够让旅游者在旅游的过程中，身临其境地感受旅游地的独特文化和科技发展，更能够通过旅游地的科技现状，与其地理、文化相结合，推导出旅游地科技、工业发展的成因。这不仅仅是一个探究、学习或是体验的过程，更主要的是，这是一个透过现状而不断思考的旅程。由此可见，以科学探究为主导的旅游形式，是将科技和旅游有机地结合为一体的一种高层次的文化旅游类型，其基本形式是以旅游资源中的科学技术要素和成分为基础，利用各种自然和人文景观，进行科学综合规划设计，形成集观光、科普、生产、体验、娱乐于一体的旅游活动或产品[①]。

在进行以科学探究为主导的旅游文化传播时，应注重对旅游地"科技"的宣传，如果没有"科技"，那么科学探究旅游便也失去了区别于其他旅游模式的特色，从而也就不能达到挖掘传统旅游资源科技内涵、提升传统旅游形式文化品位的目的。但同时科学探究旅游也要保持"旅游"的参与性和趣味性，若科学探究旅游只是停留在一般科普教育活动的层次，也就无法实现寓教于乐的初衷。因而以科学探究为主导的旅游应注重以下几点特征。

（一）科学性

科学探究旅游以旅游形式为基础，以科学、科技、工业为主要内容，在娱乐和游玩的同时传播科学、科技、工业的信息，并在这一过程中普及科学知识、宣传科学思想。从科学探究旅游的形式、内容到服务手段方方面面都体现出科学、科技、工业的相关特色。

（二）趣味性

科学探究旅游之所以能够吸引日益增多的游客和孩子们，非常关键的一点就是突出和强调了在传播科学、科技、工业过程中的趣味性，并利用这些趣味性来吸引旅游者，引起他们观察的兴趣，从而进一步引发他们对于科技和工业方面的研究与思考，最终达到进行科学教育的目的。

（三）参与性

科学探究旅游可以通过开放科技和工业产业的展厅、研发空间和流水线车间等形式，向旅游者展示科技和工业产业，并邀请旅游者参加其中的一些小实验、小游戏，或是完成一些实际的工作，来突出、强调、引导和鼓励游客在旅游过程中亲自动手、真实体验，从而增加整个旅游过程的参与性。

（四）活泼性

科学探究旅游尤为注重在整个过程中的活泼性，因为很多人都认为科技和工业是非常严肃且枯燥的行业，同时很多科技和工业产业能够向外展示的核心技术相对较少，其设施也过于机械化，这对于很多孩子来说，可能会产生好奇心，但这种好奇心并不会引导他们对科技和工业产生浓厚的兴趣，最终也不会引起他们对科技和工业的研究和思考，从而使科学探究旅游的主要特点逐渐缺失，沦落为一般的科普教育活动。因此，注重在科学探究旅游过程中的活泼性，将使科学探究旅游能够有效地区别于一般的科普教育，它用最活泼的、老少皆宜的形式来诠释深奥的科学知识，发挥着一般教育手段不可比拟的作用。在以科学探究为主导的旅游文化传播过程中，应注重体现以上这些特征。只有这样才能够积极地促进科学探究旅游的发展，并使之最终成为一种完整的旅游产品。

对于旅游地来说，科学探究旅游也是经济社会发展进步到一定程度的必然产物，这种"工业+旅游"融合发展的模式，不仅可以提升企业品牌知名度，满足游客求新、求知、游览、购物等多样化诉求，而且可以助力制造业转型升级，增加企业利润增长源。由此可见，科学探究旅游产业的发展将不仅仅对我国的科学教育等方面起到积极作用，更会促进我国工业和科技产业的发展。

**七、红色旅游为主导的传播策略**

我国红色旅游文化专属于我国的特色旅游文化。红色旅游的内容和形式，与其他历史人文遗迹的内容和形式是类似的，但红色旅游意在宣传我国独有的红色革命文化，因此红色旅游文化体现的不仅仅是旅游地物质实体、地理环境以及空间环境等内容，更是红色革命成果、红色革命建筑以及其他红色革命产物，如一杆枪或一双草鞋等内容。同时，红色旅游文化将人们的情感及心理记忆、精神象征等内容体现得更加多元。参观游览不同的红色旅游景点会让游客产生不同感受，不同的历史也将其赋予不同的意义，同一段历史在不同的人看来也会有不同的感情色彩，这就是精神象征的复杂性。红色旅游的志趣也在于此，能满足多层次的心理需求，游客可以学习革命历史知识、接受革命传统教育，也可以愉悦身心、放松精神。

在进行红色旅游文化传播时，不仅能传播红色革命文化，更会增加民族情感认同感，激发爱国爱党的热情。传播红色革命文化不仅传播了中国共产党无数先辈们的共同历史记忆，更传播了我党在旅游地生活的历史点滴和见证，因此，红色旅游也是传播中华儿女共同情感记忆的一种特殊形式。与此同时，红色旅游文化基于红色旅游产业进行传播，特别是烈士纪念塔、纪念碑等方面的展示，也满足了人们瞻仰先烈、缅怀历史的精神需要。这些都能够促进我国各民族情感融合统一，激发民族爱国爱党精神，而这种精神激励也是一种功能性的满足。游客通过参观可以达到改变认知、情感升华及激励意志的目的。

红色旅游是我国独特的旅游文化，因此在进行红色旅游文化宣传的时候，国人的接受度是非常高的，但进行红色旅游文化的对外传播时，就必须注意双方的文化差异。因而，在进行红色旅游文化宣传时，应从两种不同文化的特点入手。对国人的宣传就应更加全面，从最初的历史和细节入手，从而表现红色旅游文化的全部内容。而向国外游客进行红色旅游文化宣传时，就应该立足红色文化，建立共同文化，从而吸引国外游客在我们的红色旅游文化中寻找文化认同。

在进行红色旅游文化传播的宣传形式上，应通过大量文物资料和照片再现辉煌的历史，或者是以红色影片、纪录片、红色歌曲等形式进行传播，再现以毛泽东为代表的老一辈革命家的深沉自信和非凡智慧，让世人了解以"一心为民、艰苦奋斗、廉洁奉公、无私奉献"为核心的革命精神。

**八、以另类探险为主导的传播策略**

说起探险之旅，大家自然联想到登临雪山、攀爬悬崖或是潜入海底，这不仅要有良好的身体素质，更要有非凡的勇气，一场探险下来一定是既惊险刺激又浑身酸痛。关于探险旅游的概念，学者们目前还未有一致的结论。探险旅游协会认为，探险旅游是一种在不寻常的、奇异的、遥远的或荒芜的目的地从事的休闲活动，通常它与参与者的高强度的活动相关，多数在户外进行。

但无论从哪方面来讲，探险旅游都是具有一定危险性或挑战性的新型旅游活动，游客通过在原始地区或者户外探索或体验新颖活动来获得新鲜和刺激感。探险旅游可以分为硬探险旅游和软探险旅游，硬探险旅游强度大、难度大、危险性大，需要借助一定的器材或设备才能进行，一般是在户外活动。高山攀登、沙漠探险、洞穴探险等都属于硬探险旅游；软探险相对于硬探险来说，难度较小，危险性较小、设备要求也没有那么严格，徒步穿越、山地自行车、"暴走"等都属于这种类型。另类探险旅游在此基础上，更追求感官上的刺激，灵异事件、神鬼传说，都可能是旅游者所期望遇见的冒险形式。

随着人类社会的不断发展，越来越多神奇的事件被解答。但人们对于世间万物的好奇不减反增，由此爱好另类探险的旅游者也在逐渐增多。他们不仅对自然和我们的城市心存敬畏，同时也更加具有冒险精神。现在的探险之旅也不再局限于探索自然的艰险之地，也不仅仅局限于徒步旅行、登山、乘筏乘小艇的峡谷探险、攀岩、山地自行车等极限运动，还有废弃医院、学校、工厂等城市探险，以及穿越沙漠、横跨太平洋、骑摩托车行穿越亚欧大陆等各种形式的野外探险，还有更加猎奇和另类的古代墓地探险等。在进行这些另类探险的过程中，游客不仅仅是寻找旅途中的幽静风光、神奇景色、古朴文化，更在野外探险中探究自然的演化，在人工建造的旧建筑、过去用的城市下水道、废弃的厂房、动迁中的残垣断壁的老洋房中探寻人类发展的进程、人文发展的文脉，这使得活动更加刺激惊险，更激发人们对近代文化内涵的追溯回味。尽管这些探险看起来似乎与旅游并不沾边，而更像是满足旅游者猎奇求新的心态，但这些探索精神、欣赏自然风光与历史文脉发展的过程，和旅游相比亦有相似之处，只是表现形式略有不同，或者说与传统旅游行业相比，仅仅是侧重点不太相同。

从某种意义上来讲，另类探险旅游正是传统旅游产业的前身，因为在经济发展相对薄弱的地区，有很多旅游风景区、旅游项目，都是因为爱好另类探险的旅游者在此长久地进行探险活动而广为人知,并被逐渐开发出来。例如,张掖平山湖大峡谷风景区在开发之前,并没有像样的公路,都是一些边远的牧区道路,能进入的只有越野车车队。这里曾是西部一些越野车圈内知名的秘境之地,后来随着慕名而来的旅游者越来越多,才逐渐被当地重视和开发出来。目前整个景区的配属公路已经基本建成,变成了普通游客也能方便自驾到达的一处张掖丹霞新景区。

当前,国内另类探险旅游的发展还处于初级阶段,尤其是这种旅游形式过于小众,很少会有旅行社针对此种类型的旅游者推出旅游产品。热衷另类探险旅游的爱好者也不会满足于常规的旅游产品,一定会开发新的探险路线和探险方式。也就是说,常规的、成系统和套路的旅游产品未必会得到另类探险旅游爱好者的青睐。

尽管这项旅游方式十分小众,但随着人们对于自然和废弃城市及相关设施的无尽向往与好奇,另类探险旅游也将是未来重要的旅游方向之一。最重要的是,热衷于另类探险旅游的爱好者,一般都是具有强健体魄的成年男性。他们有着良好的身体素质,且受过良好的教育。这个阶段的成年人是经济发展的主力军,他们大多数经济基础良好。由此可见,另类探险旅游不仅有着良好的发展基础,更有良好的发展前景,同时这种探险形式也能够促进地方经济的再发展,尤其是对于甘肃省境内的许多资源开发过度的"工业城"来说,是一个非常好的发展方向。

**九、以知名大学为主导的传播策略**

每当寒暑假,国内外的高等学府就会迎接大量的游客前来观赏和游玩,其中包括英国的剑桥大学、美国的麻省理工学院,还有中国的清华大学、北京大学、南开大学和厦门大学等。这些无一不是家长和学生梦寐以求想要进入的校园。因此,到各大高校参观游览就成了中国家长和孩子们出游的必选项,尤其是当出国游兴起后,更掀起了到国外高校参观游览的热潮。

高校游的兴起,不仅仅是因为中小学生对大学生活的向往和好奇,更是因为家长希望通过这样的形式来激发孩子努力学习,以考入名校为目标。从根本上来说,这是国内家长们望子成龙的一种心态反映。不过作为一种特殊的旅游形式,高校游对于很多莘莘学子来说确实很有必要,因为这些名校不仅环境优雅,学习气氛也非常好,同时可以近距离感受到学校的研究成果和研究方向。在这里游览不仅可以让中小学生体会大学浓厚的学习气氛,而且会帮助很多即将成为大学生的高中生把自己的理想和目标直接体现在填写高考志愿上。由此可见,高校游可以促进高中生树立未来的理想与规划,为即将参加高考的学生确立大学以及选择专业提供依据。

因此,在进行以知名大学为主导的旅游文化传播时,应注重知名高校对学生思想的引导作用,将各大名校的优势特点展示出来,以供各位家长和学生有侧重点地选择和游览。

## 第四节　以文化活动为媒介的传播策略

　　文化活动依托旅游地的特色文化而兴起，这种文化活动通常是各民族的传统节日或活动，但现在，各民族的传统节日和庆典也变成了旅游者能够参与其中的节日，在这里旅游者能够近距离感受到不同地域、不同民族之间文化的碰撞，感受当地特色的歌舞戏剧等作品，倾听他们的神话故事和动人传说，了解他们的审美观念和艺术情趣。因而，在以文化活动为媒介的旅游文化传播过程中，应突出体现当地特色民俗文化和节日，同时也要展现其艺术作品中鲜明的艺术个性和顽强的文化生命力。

　　以壮族的"三月三"为例。"三月三"不仅仅是单纯的壮族传统踏青歌节，也是壮族祭祖、祭拜盘古、祭布洛陀始祖的重要日子。每到三月三时节，壮族青年男女聚集街头欢歌、汇聚江边饮宴。民族仪式和民族文化的关系是尤为紧密的，仪式是文化的重要载体，甚至可以说仪式就是一种文化，而不少文化会以仪式的形式来展现。在文化生产和传播环境发生变化的情况下，仪式的传播场域也往往会发生变化，而仪式场域的变化必然会导致仪式文化生产空间的转场。

　　在文化场域中，存在着文化生产和消费两个方面，无论是生产还是消费，都有来自各方力量的角逐，不承认场域的存在，也就无法从根本上对文化的生产和消费进行分析。在壮族的"三月三"仪式这种特殊的文化传播中，也存在多方博弈的情况——有基层政府的介入，有外界公众的参与，有壮族群众自组织式的作为。为了促进旅游的增收，政府开始有组织地介入壮族的"三月三"节日，为村民的活动搭台，并增加了很多原本不属于该节日的活动——将不同区域的壮族活动融合起来开展，如在同一个节日中开展包五色糯米饭、抢花炮、绣球传情、打扁担、对歌谈情、打铜鼓、碰彩蛋、打陀螺等活动。活动的拓展能够让"三月三"变得更为丰富有趣，更能吸引游客，而政府也能够借此塑造自身的形象。对于村民来说，他们刚开始也许是不赞成在"三月三"中加入其他活动的，因为对他们而言，"三月三"已经形成固定的模式，这一模式是比较正式和庄严的，因而不想增加其他的元素。但是随着时代的变迁，壮族群众也逐渐接受了这些变化。对于外界来说，他们对"三月三"这种充满仪式感的文化是抱着新鲜感、体验感而来的，如果能够在感受"三月三"文化的同时，也能够体验壮族群众的其他文化，那当然是求之不得的事情。而这其中也少不了大众传播媒体"推波助澜"的作用。众所周知，大众传播媒体向来青睐新鲜、有趣的事物，也承担着传播信息、引导舆论的功能，他们的加入能在一定程度上改变固有的"三月三"仪式。因此，在各方的角力下，"三月三"仪式的传播场域发生了巨大的变化，与之相关的文化生产和传播被重新秩序化——原本只是用来祭祖、祭拜盘古、祭布洛陀始祖和踏青的节日，也发展成街头欢歌、江边饮宴、炊制五色糯米饭等活动日。可以说，各种相关的活动被发展成盛大的民族节日，成为一种被展演、被观看的仪式，多方参与包装让文化的光彩更加炫目，"三月三"这种充满体验感的文化也由村民的自组织生产和传播向政府、村民等多方合力生产和传播转变。

伴随着"三月三"仪式的传播场域的变化，"三月三"仪式的景观也发生了巨大的变化。多种活动并行举办，场面更为盛大，热闹劲更足。比如，2018年以来，广西逐步探索出一条多元协同文旅节庆活动宣传模式，通过高位推动、多元协同、创意传播，创新打造出了"壮族三月三·相约游广西"文旅IP品牌，使"三月三"影响力持续提升，越来越"火"。因此，与之前的"三月三"仪式相比，现在的"三月三"的叙事能力也更加强大。

再如，依托"丝绸之路"的地理和文化优势，甘肃省先后成功举办了多项国际和全国赛事，并在国内外产生了较大的影响。如"中国·兰州·国际黄河漂流节""嘉峪关国际滑翔节""嘉峪关国际铁人三项多日赛""河西走廊汽车摩托车越野赛""漳县贵清山全国攀岩精英赛""丝绸之路卡车摩托车拉力赛""敦煌戈壁长征徒步赛"等活动。"丝绸之路"沿线各地州、市、县，还结合当地地理、人文优势，举办了各类主题节会，或是以当体特色为主的旅游节，这也极大程度上扩大了传统体育赛事和旅游资源的影响力，更在这一过程中产生了良好的经济效益。比较成功的如"天水伏羲文化旅游节""庆阳香包节""甘南香巴拉旅游节""武威天马旅游节"等。同时，沿线各地州、市政府以及体育、旅游等部门也依托这些活动旅游景区、景点，开发了许多相关的体育旅游项目，以此来吸引更多的旅游者参与到旅游体育中。

# 参考文献

[1] 胡娜,张瑜.旅游文化理论阐释及实践发展研究[M].太原:山西经济出版社,2021.

[2] 徐虹,焦彦,张柔然.乡村旅游文化传承与创新开发研究[M].北京:中国旅游出版社,2021.

[3] 王华,邹统钎.文化与旅游融合的理论与实践[M].天津:南开大学出版社,2021.

[4] 潘晓波.中国武术文化与旅游[M].武汉:华中科技大学出版社,2021.

[5] 张泽建.传统文化与旅游融合发展路径研究[M].长春:吉林文史出版社,2021.

[6] 辜夕娟.云南旅游景观地名语言文化研究[M].昆明:云南大学出版社,2021.

[7] 罗良伟.民族文化旅游开发与保护的文化性格维度探论[M].北京:中国书籍出版社,2021.

[8] 张松婷.乡村文化传承与旅游产业创新理论与实践[M].长春:吉林大学出版社,2021.

[9] 怀康.乡村振兴视域下的乡村旅游与乡土文化传承研究[M].北京:中国原子能出版社,2021.

[10] 何健薇.旅游与文化传播的互动研究[J].艺术科技,2021(12):119-120.

[11] 王炬然.旅游文化传播与旅游经济发展的探讨[J].文学少年,2021(15):361-362.

[12] 张鹏.基于数字媒体艺术的旅游文化传播探索[J].旅游纵览,2021(20):145-147.

[13]谭亮.旅游文化传播与旅游经济发展的探讨[J].现代商业,2021(4):38-40.

[14]李婷玉,张海萍.浅谈新媒体视域下江西中医药旅游文化传播[J].文渊(小学版),2021(9):4197-4198.

[15]潘宝明.中国旅游文化(第四版)[M].北京:中国旅游出版社,2020.07.

[16]于卫华,袁波盛,方洁.旅游文化传播策略研究:以甘肃旅游文化传播为例[M].北京:华龄出版社,2020.

[17]田光辉,姜又春.新时代湖南民族地区文化与旅游融合发展研究[M].北京:光明日报出版社,2020.

[18]潘长宏,潘宝明,刘娜.旅游文化[M].长沙:湖南师范大学出版社,2020.

[19]金伊花.旅游文化传播对景区形象提升的影响研究[J].名汇,2020(15):42-43.

[20]张春雷.旅游文化传播视角下的媒介提升策略研究[J].河北画报,2020(12):102.

[21]任秀军.旅游文化传播与旅游经济发展[J].经济视野,2020(19):92.

[22]曹锦阳.全媒体时代旅游文化传播模式的转化与重塑[J].社会科学家,2020(8):64-69.

[23]张妙.融媒体时代红色旅游文化传播的机遇与挑战[J].戏友,2020(5):57-59.

[24]吕京菁.新时代视角下乡村旅游文化传播发展策略[J].城市周刊,2020(43):41.

[25]陈艳珍,赵德辉,于庆霞.旅游文化[M].北京:北京理工大学出版社,2019.

[26]田华.旅游与旅游文化[M].长春:吉林出版集团股份有限公司,2019.

[27]朱晓晴.中国旅游文化[M].西安:西北大学出版社,2019.

[28]李娌.中国旅游文化[M].北京:旅游教育出版社,2019.

[29]邓爱民,王子超.旅游文化基础导论[M].北京:中国旅游出版社,2019.

[30]戴斌.旅游&文化[M].北京:旅游教育出版社,2019.

［31］汪艳，程鹏，方微.新型城市化下旅游与文化产业融合研究［M］.南京：河海大学出版社，2019.

［32］王迎新.文化旅游管理研究［M］.北京：现代出版社，2019.